経営参謀としての士業戦略

AI時代に求められる仕事

公認会計士・税理士
藤田耕司
著

行政書士
石下貴大
企画執筆協力

日本能率協会マネジメントセンター

はじめに

「最近、会社を売りたいという依頼が急に増えているのですが、どのような経営者からの相談が多いと思いますか？」

ある日、M&Aの仲介業をしている方からこんな質問がありました。

私は「後継者がいなくて困っていらっしゃる経営者ではないですか？」と答えました。ところが、後継者に困っている方以上に増えているのが、30～40代のベンチャー企業の経営者からの依頼だというのです。意外な答えに驚く私に、その方はこう続けました。

「市場の変化が激しすぎる今、5年先どころか3年先の市場も読めないため、このまま継続して利益を上げていく自信がない。もうかっていて自社が高値で売れるうちに会社を売却しておきたい、という理由でのご売却依頼が増えているんです」

私はその話を聞いてぞっとしました。強気で頭の回転が速いベンチャー企業の経営者でさえ、「時代の流れが読めない」と恐れを抱き、自らの会社を売却しようとするまでに市場の変化は激しくなっているのです。これは今の時代を象徴する話だと感じました。

もちろん、この話は一つの経験談に過ぎません。ただ、私自身、右肩上がりで業績を伸ばしながらも会社を売却した経営者を何人か知っています。その売却理由も、「市場の変化が激しすぎて先が読めない」というものでした。

これまで売れてきた商品やサービスを安定的に供給すれば、安定した売り上げが得られるといった時代は終わり、今は、3年先、5年先の未来も読めないほどに市場が激しく変化する時代です。流行りものもあっという間に下火となり、「時代の寵児」と呼ばれた人でも数年後にはその姿を見なくなることもまれではありません。

このような時代においては、市場の変化の一手先、二手先を読んで、その変化に対応したビジネスモデルを考え、そのビジネスを展開するために必要な人を育て、組織化し、市場の変化を見てさらに新たなビジネスモデルを探るといった動きが必要とされます。つまり、経営の安定は、「高速で変化し続ける」ことで得られる時代だといえるでしょう。

そのような時代の波は、資格によって一定の需要が確保されてきた士業の業界にも押し寄せています。特に強い影響を与えているのは、ＩＴやＡＩなどによる技術の進歩です。

「業務単価の低下に悩んでいる」

「働いても働いてもほとんど利益が出ない」

「将来に向けてどう動いたらいいのかがわからない」

士業の方からのこのような相談をされることが増えてきました。本書を手にされた方も大なり小なりこういった悩みを抱えていらっしゃるかもしれません。


今、士業は過渡期を迎えようとしています。

「機械に士業の仕事が奪われる」――そんな言葉も頻繁に目にするようになりました。たしかに一部の仕事は機械に奪われていくでしょう。しかし、士業の仕事がすべてなくなるわけではなく、人間にしかできない士業の仕事もまだまだあります。その一つが経営参謀という仕事です。

私は経営参謀としてさまざまな経営者とお付き合いする中で、経営者は業績拡大や新規事業の立ち上げといった「攻め」の部分は得意でも、法律や会計、税務、労務といった「守り」の部分には疎いと感じることが多々あります。この「守り」の部分は士業の専門分野であるため、士業は経営者の弱点を補完する経営参謀としてうってつけの存在だといえます。

実際に私も公認会計士、税理士として会計や税務といった「守り」の部分から関与を始め、次第に経営全般のご相談に乗るようにしていった結果、経営参謀として複数の会社の経営に関わるようになりました。

そしてこの経営参謀としての経験から、経営者が何に悩み、その悩みに対してどう関わるかということについて講演や講座でお伝えさせていただいているうちに、経営参謀として活躍する弁護士、公認会計士、税理士、社会保険労務士、司法書士、行政書士、中小企業診断士、弁理士の方も増えてきました。

そこで、AIやITなどの技術革新が続く中、人間にしかできない士業の仕事で付加価値をつけ、そういった仕事をどのように獲得していくかについて、私がこれまで士業の方に助言させていただいてきた内容をお伝えすべく、本書を以下の構成で執筆しました。

第1章：AI時代に士業が求められる仕事
第2章：士業の業務が自動化される可能性
第3章：AI時代の事業戦略
第4章：経営参謀になり業務を獲得する
第5章：士業の可能性をさらに広げる

第6章：これからの士業のマーケティング戦略
第7章：これからの士業の組織戦略
第8章：これからの士業の意識戦略

そしてもう一つ本書を通じてお伝えしたいのは、「機械化が進めば進むほど、『人間』の時代になる」ということです。どれだけ機械化が進んでも、人間には「人間であること」という強みがあります。それは「人間らしさ」や「人間力」と表現できるかもしれません。その強みをどう発揮していくかについても、お伝えしたいと思います。

ＩＴやＡＩの技術革新の波は、今後もとどまることはないでしょう。とはいえ、打つ手はあります。ほんの小さな一歩からでも、まずは一歩踏み出してみる。その小さな一歩が、5年後、10年後、人生を変えるほどの大きな価値をもたらすでしょう。

経営参謀としての士業戦略――ＡＩ時代に求められる仕事　目次

第2章　士業の業務が自動化される可能性

第3章 AI時代の事業戦略

第4章 経営参謀になり業務を獲得する

第5章　士業の可能性をさらに広げる

第6章　これからの士業のマーケティング戦略

第7章　これからの士業の組織戦略

第8章　これからの士業の意識戦略

第1章

AI時代に士業が求められる仕事

劇的に変化する日本のビジネス環境

ITの進化とAIの台頭

士業の間接的技術的失業

士業の直接的技術的失業

「人間にしかできない仕事」とは?

劇的に変化する日本のビジネス環境

ビジネスの世界の「適者生存」

生物学には「適者生存」という言葉があります。

これは、生存競争の中で、最も環境に適した形質を持つ個体が生存の機会を保障される、という意味の言葉です。これまでも、さまざまに変化する環境に適応できた生物は繁栄し、適応できなかった生物は滅びていきました。進化論を唱えたチャールズ・ダーウィンもこう述べています。

「体の大きな、強い動物が生き残ったのではない。環境に適応した動物が生き残ったのだ」

ビジネスの世界も同じことがいえます。この世界で生き残るためには、市場環境の流れを読みながらその環境に合ったビジネスを展開することが必要です。自らのビジネスを環境の変化に適応させられなければ、生き残りは難しくなります。時代の流れを読んで、人より先に動いてビジネスモデルを確立し、それを一気に横展開してシェアを押さえる。ビジネスの成功者はいつの時代もこのような動きをします。

私は経営コンサルタントとして、これまでに多くの経営者からの相談を受け、経営の現場を見てきました。また、『KINZAIファイナンシャル・プラン』（きんざい刊）で『ＡＩ時代のキャリア戦略』を連載し、ＡＩ化や機械化の流れの中で、これから人間に求められる能力や付加価値とは何かをテーマに執筆し、講演活動も行ってきました。これらの経験から痛感するのは、時代の流れに合ったビジネスを展開する重要性が高まっているということです。

時代の流れに合ったビジネスを展開する経営者は、追い風を受けて業績を拡大します。従業員を増やしてオフィスを拡大し、その成功から講演や取材を依頼されて一度メディアに取り上げられると他のメディアからも紹介されます。さらに、それを見た他の企業から業務提携の話が舞い込み、他社との相乗効果を生んでまたたく間に業績を拡大します。実績や知名度が上がれば1ステージ上の人脈ができ、その人脈から市場に出回らない情報も得て、さらに有利にビジネスを展開していきます。

その一方で、時代から取り残された経営者は、仕事の単価が下がり続け、それでも利益を出すために顧客を増やそうと、より安い価格で業務を請けて、さらに忙しくなっていきます。どんなに働いても利益が出なくなります。そんな中、市場の動向が変わって業務のニーズがなくなれば、仕事が減って時間だけが余るようになります。そして、その余った時間が経営者の自信を奪い、自信のなさが顧客対応にも影響して、仕事はさらに減っていきます。

一生懸命に働いているのにもかかわらず、「選んだビジネスモデルが時代に合うか、合わないか」で、同じ経営者でもここまでの差が出ます。

日本のビジネスを左右する3大潮流

「時代の流れに合ったビジネス展開」は、私が経営コンサルティングで特に重視しているポイントです。

現在、この日本はどのような「時代の流れ」にさらされているのでしょうか。

業種業態を問わずその影響を大きく受けるのは、「少子高齢化」「グローバル化」「機械化」の3つです。これらの潮流はそれぞれが密接に連動し、少子高齢化が進めば進むほど労働人口は減り、既存のインフラを回すための人手が不足します。その人手不足の解消のために、外国人労働者の招へいや、業務の機械化や自動化が求められるようになります。

大量の人手不足時代に向けて、政府もグローバル化や機械化の政策を進めており、今後さらにこの流れは加速します。ですから、この流れを大筋として押さえて、ビジネスモデルを考えていかなければなりません。

それでは、この大きな3つの潮流は士業にどのような影響を与えるのでしょうか。

まず、少子高齢化に伴った相続関連ビジネスの増加です。相続税申告、相続税対策、事業承継対策、相続関連の訴訟や交渉、成年後見、信託、遺言の作成、遺品整理などではすでに競争が始まっていますが、今後も相続関連の市場の拡大は見込まれ、多くの士業が目を向けていきます。

グローバル化に関しては、一部の士業を中心に国際業務が行われてきましたが、外国人労働者の受け入れが進み、通信手段や翻訳ツールも進歩していることから、より多くの士業にビジネスチャンスをもたらすことになるでしょう。ただし、参入は決して簡単ではなく、外国語に対する素養や関連法令への豊富な知識、相応の実務経験などが求められます。

高齢化やグローバル化によるビジネスチャンスがある一方で、機械化については士業にとっては脅威になる可能性が大きいといえます。この機械化については、以降で詳しくお話しします。

ＩＴの進化とＡＩの台頭

ＡＩとは何か

人類の歴史において、機械化の主な目的は、「人間ができないことをできるようにする」「人間の手間を省く」という2つに集約されていました。

それぞれ具体的な例を挙げると、前者には「飛行機を使って空が飛べるようになる」「電話を使って遠く離れた人と会話ができる」などがあり、後者は「稲刈り機のおかげで収穫の手間が省ける」「洗濯機のおかげで洗濯の手間が省ける」などが挙げられます。

この機械化の流れから、さまざまな人の「手間」が機械により自動化され解消されてきました。そして、今後もさまざまな「手間」が機械による自動化のターゲットとされ、自動化されていくでしょう。

機械化について昨今、特に注目されているのがＡＩ（人工知能）です。実際、ＡＩという言葉はインターネットや雑誌、新聞、テレビなどで氾濫しており、「ＡＩが人間の仕事を奪う」といった論調の記事も紙面をにぎわせています。

ただ一方で、このＡＩが何の略かを知っている人は少ないかもしれません。ＡＩの「Ａ」を「Auto」の略だと思っている方もいますが、そうではありません。ＡＩは「人工的な」という意味の「Artificial」と、「知能」という意味の「Intelligence」からなる「Artificial Intelligence」の略です。ＡＩの定義は研究者によっても異なりますが、大量のデータから規則性やルールなどを学習し、そこからさらに与えられた課題に対して類推して回答するシステムを指すことが多いです。

人間の声を聴き取って回答する音声認識や質問応答システム、データの自動入力システム、自動運転車両、ウェブページでの商品の自動提案、将棋や碁、チェスなどの自動対戦システムなどがその活用事例としてよく知られていますが、こうしたＡＩやＩＴ技術は、今後ますます進歩していきます。

ＩＴの驚異的な進歩の速度

インテルの共同創設者のゴードン・ムーア氏は、集積回路（ＩＣ）の集積密度は18か月ごとに2倍になるという法則を唱えました。これは「ムーアの法則」と呼ばれ、多くのＩＴ機器はこの法則の速さで進歩しているといわれています。この速度がいかに驚異的であるかを示すのが、次の「チェス盤の法則」の話です。

昔、チェス盤を発明した男が王にチェス盤を献上したところ、王はたいそう喜び、「望みの褒美を与える」といいました。そこで、この男は「チェス盤の最初のマス目に米を1粒置き、2番目のマス目に2粒、3番目のマス目に4粒というように、前のマス目に置いた米の数の2倍の数を次のマス目に置いていき、64マス目までに置いた米の総量が欲しい」といいました。王は「なんと欲のない奴だ」とたやすく受け入れましたが、実際に計算すると、64マスに置いた米の総量はエベレスト山よりも高い米の山になることがわかりました。男は王の怒りを買い、首をはねられてしまいました。（64マス目の米の数…9,223,372,036,854,775,808粒。64マスの米の総量…18,446,744,073,709,551,616粒）

このチェス盤の法則から、18か月ごとに2倍になるというムーアの法則が示すＩＴ機器の進歩の速度がいかに驚異的なものかがおわかりいただけると思います。これまでもＩＴ機器は驚異的な速さで進歩してきました。身近な例では、ウェブサイトの数は２０００年に１７０８万サイトだったのが、２０１７年には17億サイトを超え、17年間で１０３倍になりました（※）。２００５年頃には大容量のもので２５６ＭＢ位だったＵＳＢメモリも、今では数千円で２５６ＧＢのＵＳＢメモリが販売され、十数年で１０００倍も容量が増えました。

機械に仕事が奪われる

２０１４年にマイケル・Ａ・オズボーン英オックスフォード大学准教授は、発表した論文『雇用の未来――コンピューター化によって仕事は失われるのか』（The Future of Employment: How Susceptible are Jobs to Computerisation?）で、今後10～20年で米国の総雇用者の約47パーセントの仕事が自動化されるリスクが高いと結論づけました。この論文の内容についてはご存知の読者も多いかもしれません。

２０１８年の世界経済フォーラムの研究によると、職場における業務の機械化・自動化率は、２０２５年までには現在の約29パーセントから50パーセント以上になるといいます。

※ http://www.internetlivestats.com/total-number-of-websites

これは世界の労働市場に計り知れない影響をもたらすもので、こうした論文や研究は枚挙にいとまがありません。

とどまるところを知らない技術の進歩により、多くの業務が自動化されて仕事を失う人も少なくはないでしょう。なかでも、士業の仕事は自動化される可能性が高い仕事の一つといわれています。

すでに危機感を抱く士業は新たなアクションを始めています。本書ではこのように技術が進歩していく時代において、士業が勝ち残っていくための考え方やアクションをご紹介していきます。

士業の間接的技術的失業

「技術の進歩によって機械が人間の仕事を奪う」。そういったメディアの報道を目にすることが増えました。しかし、実際にどのようなプロセスを経て人間は機械に仕事を奪われるのか、具体的にイメージできない読者も少なくないと思います。このプロセスを知らないままでは、それに向けた対策も的外れな結果につながるおそれがあります。そこで、ここでは技術の進歩が人間の仕事を奪うプロセスについて具体的に紹介します。

生産性の向上による技術的失業と労働移動

技術の進歩により業務の生産性は上がっていきます。「生産性の向上」とは、一人の人間がこなせる仕事量を増やすことを意味しますが、仕事量が一定であれば、その仕事をこなすのに必要な人間の数が減るということです。そのため、仕事量が増えなければ、技術の進歩に応じて雇用は減ります。また、自動改札や製造ロボットの出現など、新たな技術の登場によって人手が不要となり、根本から雇用が減るケースもあります。

このように、技術の進歩によって従事者が仕事を失うことを「技術的失業」といいます。歴史的注目を集めた技術的失業の例として、1811年〜17年頃の産業革命時のイギリスで起きたラッダイト運動があります。ラッダイト運動では、機械の普及による失業をおそれた労働者たちが、産業機械を破壊して回りました。

一方で、技術の進歩は新たな労働需要を生んできました。起業家は技術的失業で職を失った労働者を雇用する機会を見つけ、また職を失った人々も新たな職を得るためのスキルを学びました。このように、技術的失業によって仕事を失った人が他の仕事にシフトすることを「労働移動」といいます。技術進歩の歴史の中で、技術的失業が生じるとともに労働移動が行われ、雇用は調整されてきました。

ただ、これからの技術の進歩は、「圧倒的な速さ」で進む危険性をはらんでいます。技術の進歩による生産性の向上は、少子高齢化による労働人口の減少という社会問題を抱えた日本では喫緊の課題です。しかし、技術の進歩の速度は労働人口の減少を補って余りあるほどに驚異的で、労働移動による雇用調整の時間も与えない速さで進んでいく可能性すらあります。

どういった仕事が技術的失業の危険にさらされるかの予測は難しいですが、常にアンテナを張り、自身の仕事に技術的失業の兆候が見られたら、素早く労働移動する体制をとっておくことが、今後の市場を生き残るために不可欠だといえるでしょう。

業務の低価格化による間接的技術的失業

私は技術的失業を、「直接的技術的失業」と「間接的技術的失業」に分けて考えています。直接的技術的失業とは、先述した自動改札や製造ロボットのように、新たな技術の登場によって人間が不要になるものです。一般的な「技術的失業」は、これを指します。

その一方で、「間接的技術的失業」とは、技術革新により業務の低価格化が進むことで、利益が出なくなり、ビジネスモデルが成り立たなくなるものです。この「間接的技術的失業」はじわりじわりと進行するので、ある時点で明確に認識できるものではありません。

パソコンやスマートフォンをはじめとするＩＴ製品の進歩により、一人当たりの生産性は大幅に上がり、こなせる作業量も大幅に増えました。ＩＴ化以前は、書面の連絡は郵便などで配達する必要がありましたが、現在はパソコンで電子メールを書き、送信ボタンをクリックすれば何百人、何千人に対する一斉送信も可能です。何かを調べたければ手元のスマートフォンで検索すれば、その場で膨大な情報が即座に入手できます。

会計事務所を例にすれば、かつては手書きで会計帳簿を作り、その都度、電卓を使って計算が合うかを確認し、合わなければその原因を調べて訂正していました。決算書も当然手書きです。ところが、今は会計システムに仕訳を入力するだけで自動的に会計帳簿も決算書も作成できます。合計額がずれることもありません。

このように、一人の人間がこなせる業務量は、技術の進歩によって数倍、数十倍に上がり、業務の正確性も大幅に上がっています。ところが、これに伴い給料も数倍、数十倍に上がったかというと、決してそうではありません。人件費は変わらずに、こなせる業務量が上がると、1件あたりの業務に係る人件費は大幅に下がります。こうして低コスト化に成功した企業は売価を下げても利益が出るため、売価を下げてより多くの顧客を獲得していきます。このようにして業界の相場の低下をもたらす流れができていきます。

情報格差の解消が間接的技術的失業を後押しする

加えて、インターネットによる情報格差の解消が間接的技術的失業を後押しします。

インターネットの普及以前は、士業を探すのは知人による紹介が主流でした。依頼者はその士業が提示した料金が高額と感じても、より安くやってくれる士業を知らなければ、目の前の士業に依頼するしかありませんでした。こうした情報格差のおかげで多くの事務所は高い料金を得ることができていました。

ところが、今では「士業の種類（税理士あるいは弁護士など）＋地域名」というキーワードで検索すると、その地域の事務所の概要やサービス内容、料金、代表者の顔などがわかります。相見積もりも簡単に取れて、条件に合う士業の事務所への依頼が可能になりました。また、検索結果画面には「〇〇顧問報酬月額９８００円～」のようにインターネット広告もあわせて表示されるため、より低価格な事務所の情報も手に入ります。

このように、低価格な事務所を簡単に探せるようになると、業界の相場の低下は加速していきます。こうした相場の低下を肌で感じている方も少なくないでしょう。

低価格化の行きつく先

今後、この低価格化はさらに進むことが予想されます。最先端の業務ツールをいち早く導入して生産性と業務効率を向上させ、より低価格でも利益が出る体制を作った事務所は率先して低価格戦略を展開し、業界全体の相場を下げていくでしょう。

加えて、家電業界での価格ドットコムや旅行業界のトリバゴのように、ＡＩを活用した

「価格比較サイト」も無視できません。こうしたサイトで価格が一目瞭然となれば、その業界の商品やサービスの価格相場は押し下げられていきます。士業の業界でも簡単に価格比較ができるようになれば、さらに相場が下がる可能性はあります。

また、従来の士業事務所の業務の一部を、一般の事業会社が格安または無料で提供するケースも出始めました。先行して低コスト化を実現した事務所や一般事業会社によって業界の相場が押し下げられた場合でも、低コスト化が実現できていない事務所は売価を下げるわけにはいきません。とはいえ顧客を獲得できなければ、売価を下げざるを得ず、それでも受注すると忙しく働いても利益を出すことができなくなります。

この低価格化競争の行きつく先は、従来の業務をフロント商品として格安あるいは無料にし、その先の顧問契約や各種コンサルティング、システム使用料などのバックエンド商品で利益を出すビジネスモデルへのシフトです。

こうしたビジネスモデルが広がると、他社が格安あるいは無償で提供している業務を旧来の価格で提供している事務所は、情報格差を利用できない限り淘汰されます。こうして士業の業界でも間接的技術的失業は進行していきます。いくら働いても利益が出ないという状況であれば、間接的技術的失業がすでに進行しているのかもしれません。

士業の直接的技術的失業

次に直接的技術的失業についてより詳しくお話ししましょう。

先に述べたように、インターネットや雑誌では「ＡＩが士業の仕事を奪う」といった記事が散見されます。たしかにＡＩの進歩や普及によって、市場は今後さらに変化し、技術的失業は加速することになるでしょう。

ただ、こうした記事の中には、どこまで現場の実態や消費者の心理を把握して書かれているのかについて疑問を覚えるものもあります。というのも、次の点が考慮されていない場合もあるからです。

①士業の業務には「パソコンでの作業」と「パソコン外の業務」がある。ＡＩで自動化される業務は前者で、後者はＡＩによる自動化の対象外である

②技術的には自動化が可能になっても、消費者にそのサービスを利用するためのリテラシーがないと消費者は利用しようとはしない

③前記①②の要件が整ったとしても、その商品やサービスに対する一定の信頼が得られない限り消費者は利用しようとしない

④前記①〜③の要件が整ったとしても、技術の導入に伴うコストが人間を雇用する場合のコストを下回らない限り、自動化しようとはしない

つまり、技術的に業務の自動化が可能になるタイミングと、人が仕事を奪われるタイミングには時差があるのです。このタイムラグを、経済学の用語で「ディフュージョン」といい、実際には「技術の誕生」→「ディフュージョン」→「技術的失業」→「労働移動」という流れをたどることになります。

ただし、士業の業務の一部はすでに自動化の技術ができつつあり、ディフュージョンの期間も短期と見込まれる業務もあります。その代表的なものに「パソコン上での単純作業」と「ウェブ上に存在している情報の提供」が挙げられます。それぞれ見ていきましょう。

直接的技術的失業の例①「パソコン上の単純作業の自動化」

近年、ＡＩ関連分野で急速に進歩しているのが、学習機能によるパターン認識や「ＲＰ

A」（Robotic Process Automation）による作業プロセスの自動化技術などです。学習機能で自動化されつつある代表的な業務が、会計の仕訳入力です。これは過去の会計仕訳の内容をＡＩが学習して、摘要や金額から内容を推測して仕訳を自動作成するものです。また、大量の契約書の内容をＡＩに学習させることによって、一部の種類の契約書に関しては、レビュー業務も自動化できるようになっています。今後、レビューが可能となる契約書の種類は増えていくでしょう。

パソコンでの定型的な作業はＲＰＡで自動化できます。あらかじめ作業の手順を登録しておき、その作業を自動化する点ではエクセルのマクロと同じです。しかし大きく異なるのが、複数のアプリケーションにまたがって手順を登録し、自動化できる点です。たとえば、次のような作業で自動化が可能です。

①ブラウザを起動し、業務管理システムにつなげてＩＤとパスワードを入力しログインする
②業務管理システムの請求処理画面で、請求先が請求書をダウンロードできる手配をする
③コミュニケーションアプリを起動して、請求先の相手を選択してチャットの画面を開く

④チャット画面で請求書がダウンロードできる旨の連絡文を入力して、請求先に送信する

最近は学習機能を搭載させたＲＰＡも出始めており、このような自動化の活用領域は今後さらに広がっていくと考えられます。

また、紙の資料などパソコン外の情報を扱う業務に関しても、ＯＣＲ（光学的文字認識）の活用でデジタルデータに変換できます。たとえば、ＯＣＲ機能を備えたスキャナーに領収書を入れると、ほんの数秒で領収書の情報はデジタル化され、仕訳が自動作成されます。人間の仕事は領収書をそろえてスキャナーに流し込むだけで、手入力に比べて作業時間は飛躍的に短縮されます。ＯＣＲの精度は年々上がっているので、学習機能やＲＰＡと連携することで、自動化される作業はさらに広がります。

これらの技術により、複雑な判断を伴わないパソコン内の作業はずいぶん自動化できるようになってきました。実際に大手事務所を中心に、業務の自動化が進められています。

また、行政でも業務の効率化に向けた「デジタル・ガバメント実行計画」が進んでいます。行政は少子高齢化による人手不足を解消するため、さまざまな手続きに関して業務の自動化、効率化を推進していく方針です。「申請書や申告書の書式が管轄の行政機関に

よって異なる」「紙の添付資料作成のために手作業が必要になる」という理由で自動化が難しいとされていた業務でも、行政機関同士の情報連携もあってオンライン化や複数の手続きのワンストップ化などが進んでいます。

このように、技術の進歩と行政のインフラ整備の両面から、業務の自動化の流れは今後も進んでいきます。士業の仕事にはパソコンでの単純作業も多く含まれているため、こうした流れは近い将来、多くの士業のビジネスモデルに影響を与えるでしょう。

直接的技術的失業の例②「ウェブ上に存在する情報の無償化」

もう一つ、そう遠くない時期に技術的失業の可能性が高まる業務が、ウェブ上に存在している情報を顧客に提供する業務です。

手元のスマートフォンやパソコンで大量の情報が無料かつ瞬時に手に入るようになり、情報が持つ価値は劇的に下がっています。ひと昔前であれば、法律でわからないことがあれば、弁護士や司法書士、行政書士といった専門家への相談が一般的な解決方法で、多くの場合は相談料が発生しました。ところが、今では法律の概要から具体的な事例まで、さまざまな解説サイトがインターネットで存在します。また、各種届け出や申請、登記などの業務に関しても、自力で手続きする方法を紹介するサイトもあります。

こういったサイトの中には、フローチャートを使って視覚的に把握できるようにしたり、キャラクターが解説したり、動画で説明するなど、さまざまな工夫が凝らされ、素人でもわかりやすく専門知識を理解し、手続きができるようになっているものもあります。

このように専門知識は、①「ウェブ掲載」→②「平易化」というステップを経て、その価値が失われていきます。有益な情報を提供するウェブサイトは今後も増え続け、情報の平易化も進むでしょう。今は簡単な検索しかできないスマートスピーカーも、いずれは専門知識やノウハウをわかりやすく解説してくれるようになるかもしれません。

ただし、こうした無料のウェブ情報には、「信頼性」の問題がつきまといます。特に複雑な専門知識についてはユーザーも慎重を期すため、信頼できる専門家の意見を求めたいというニーズも一定割合は残るでしょう。とはいえ、今後の各種ウェブサービスの精度向上により、いずれは複雑な専門知識に関してもウェブ情報が信頼を得る日がくるかもしれません。そうなると、有料でこれらの専門知識を提供するビジネスモデルは成り立たなくなります。

「人間にしかできない仕事」とは？

自動化できない仕事

では、どういった仕事が「人間の仕事」として残るのでしょうか。

東京大学大学院工学系研究科准教授で人工知能学会倫理委員長を務める松尾豊氏は、著書『人工知能は人間を超えるか』（KADOKAWA刊）の中でこう述べています。

「短期から中期的には、データ分析や人工知能の知識・スキルを身につけることは大変重要である。ところが、長期的に考えると、どうせそういった部分は人工知能がやるようになるから、人間しかできない大局的な判断をできるようになるか、あるいは、むしろ人間対人間の仕事に特化していった方がよい、ということになる」

ここでいう「大局的な判断」とは、経営判断や事業判断のように、従業員や顧客との関係、同業他社の状況、財務状況、保有する資産や設備の状況など、さまざまな要素を複合的に勘案して判断しなければならない判断のことです。

ＡＩが機能するためには大量のデータから規則性やルールを学習する必要がありますが、「大局的な判断」は基本的にはサンプルのない唯一無二の判断です。学習サンプルとなるデータがなければ、ＡＩによる自動化は難しいでしょう。

また、「人間対人間の仕事」とは、人のコミュニケーション自体に価値や安心感、満足感を得る仕事や、人間がコミュニケーションをとらなければ解決が難しい仕事のことです。前者はカウンセラーや、臨機応変な対応が求められる接客業、営業職、教師、医師、看護師といった仕事が、後者は人間関係の調整や説得、交渉、謝罪といった仕事が挙げられます。これらは、いずれも人間の感情を扱う仕事だといえるでしょう。松尾氏は、同書で「対人コミュニケーションが必要な仕事は当面は機械で置き換えるのは難しいだろう」とも述べています。

ＭＩＴスローン・スクール経済学教授のエリック・ブリニョルフソン氏は、著書『機械との競争』（村井章子訳、日経ＢＰ社刊）で自動化が難しい仕事についてこう述べています。

「ソフトなスキルの中でも、リーダーシップ、チーム創り、創造性などの重要性は高まる一方である。これらは機械による自動化が最も難しく、しかも起業家精神にあふれたダイナミックな経済では最も需要の高いスキルだ」

この2人の見解以外にも、私はＡＩ関連のビジネスを展開する人々への取材やＡＩ関連書を読み込んでの情報収集を通じて、自動化されにくい仕事の特徴を分析してきました。これらをまとめると、「Think」「Humanity」「Body」の要素を伴う仕事は自動化されにくく、人間の仕事として残ると考えられます。以下、それぞれの要素について説明します。

Think（思考力・創造力）

過去のデータから規則性やルールなどを学習し、そこから類推して処理を行うＡＩの性質を踏まえれば、

「規則性やルールの学習が難しい複雑な判断を行う力」
「相手の目的を理解して応用的な提案をする力」
「その都度、機転を利かせた臨機応変な対応力」

などが求められる業務は自動化が難しいといえます。

また、「今後の方針やビジョンを示す」など、人により判断が異なる業務や、「新しく斬新な企画やアイディアを生み出す」「芸術的なセンスを発揮する」といったゼロから1を生み出す業務などもＡＩによる自動化は難しいでしょう。

Humanity（人間性）

「信頼関係を築く」

「共感や励ましにより安心感や癒しを与える」

「リーダーシップを発揮して人間関係を調整する」

「人を育てる、人のモチベーションを上げる」

「哲学や道徳など人の道を教える」

「人生の体験を語って感動や勇気を与える」

など、人間性が求められる仕事や人間の感情を扱う仕事をＡＩや機械が行うことは現状では考えにくく、人間ならではの仕事といえるでしょう。

Body（物理的実体・法的権利帰属主体）

ＡＩは体を持つものではなく、人と全く同じ動きができるロボットはまだ開発されていません。そのため、物理的実体が求められる肉体を動かす仕事は、しばらくは人間の仕事として残るでしょう。

また、責任を伴う仕事や何らかの法的権利が発生する仕事においては、責任や法的権利の帰属主体が必要になります。当然、ＡＩや機械は責任や権利の帰属主体になれないため、人間が関与することになります。

こういった観点から、次章では、弁護士、公認会計士、税理士、司法書士、行政書士、社会保険労務士、弁理士、中小企業診断士のそれぞれの仕事で自動化される可能性や、逆に自動化されない可能性についてさらに考察したいと思います。

第2章

士業の業務が自動化される可能性

自動化による仕事への影響

自動化による仕事への影響

「自動化されやすい業務」と「自動化されにくい業務」

ＡＩやＩＴの進歩により今後自動化されていく可能性の高い業務も数多くありますが、一方で、技術が進歩したとしても自動化される可能性が低い業務もあります。

ここでは弁護士、公認会計士、税理士、司法書士、行政書士、社会保険労務士、弁理士、中小企業診断士のそれぞれの仕事について、自動化の可能性や影響を考えていきます。

弁護士業務の自動化の可能性

弁護士の主な業務には、裁判・交渉、法律相談、契約書作成、契約書レビューなどが挙げられます。

このうち、契約書作成と契約書のレビューは、秘密保持契約や業務委託契約など、定型的なものであればパソコンでの単純作業で終わることが多く、すでに自動で契約書の作成やレビューを行うサービスが存在しています。料金は数千円程度で、現時点で利用できる契約内容は限定的ですが、今後はその種類も増えていくでしょう。

一方で、代理人として法廷に立つことや、同席が必要な裁判や交渉の仕事は、Body（物理的実体、法的権利帰属主体）の要素が求められるので、自動化は難しいと思われます。

法律相談に関しては、すでに無料で法律相談に応えるサイトがありますが、あくまでも画面の向こうで「人」が対応しているもので、自動化には至っていません。ただし、すでにアメリカではＡＩ弁護士が破産や倒産分野の法的な質問への回答を行う例もあり、スマートフォンやスマートスピーカーが法律相談に応える未来もそう遠くないかもしれません。最初は信頼性が問われるかもしれませんが、精度が上がるとともに信頼性も向上していく可能性はあります。

とはいえ、自動化できる法律相談は、ある程度単純なものに限られます。複雑な要素が絡む法律相談や、前例がない法律相談など、Think の要素が求められる法律相談はまだまだＡＩや機械での対応は難しいといえます。

また、弁護士の仕事は、人生を左右する大きな悩みを抱えたクライアントを相手にすることが多いため、Humanity の要素が強く求められます。クライアントの気持ちに寄り添い共感する姿勢は、悩みを抱える人に大きな安心とエネルギーを与えます。これはＡＩや機械には代替できない、人間ならではの力です。

また、法的には権利を主張できたとしても、クライアントの今後の人生における人間関係を考えると、やみくもに権利を主張すべきでないという助言が必要な場合もあります。契約書の作成においては、他の案件の兼ね合いを考えると、この契約ではむしろ相手に有利な契約としたほうがよいといったケースもあります。そういった人と人との心の機微を汲み取って綿密にその後の進め方を決めるといった業務は、Humanity の要素が強く求められるものであり、当面はＡＩや機械が代替することは難しいと考えます。

公認会計士業務の自動化の可能性

公認会計士の主な業務は監査です。監査の仕事は、クライアントの会計帳簿や決算書が正確に作成されているかどうかや、それらの会計帳簿や決算書の作成過程で適切な業務フローが構築されているかどうかといった内部統制の状況を検証することであり、その検証結果を監査報告書という形で報告します。

監査の過程では多くの資料作成が必要ですが、エクセルやワードの加工作業、データのダウンロード作業、定型の文言や数字の入力作業、記載ミスのチェックなどの単純作業もあり、こうした部分はシステム化やＲＰＡの活用で効率化されていくでしょう。紙の資料のチェック作業や入力作業、情報検索や抽出作業も、スキャナーやＯＣＲで情報をデータ化すれば、自動化できる部分は増え、大幅に効率化される可能性があります。

手作業の業務をシステム化して効率化を図る動きは、すでに大手監査法人を中心に行われており、定型化された単純作業はいずれ自動化されていくでしょう。

一方で、定形的ではない取引や前例のない取引に関する判断、将来の見積もりに関する判断、経営リスクの判断といった業務は Think の要素が求められ、ＡＩや機械による自動化は当面は難しいといえます。

また、公認会計士に求められる重要な能力の一つがコミュニケーション能力です。

監査は限られた時間内でクライアントから帳簿と帳簿作成の基礎資料を入手して検証を進めなければなりません。根本的なクライアントとの関係作りや資料入手のための依頼の仕方、伝え方が悪ければ、短期間で十分な資料の入手が難しくなります。また、何らかの誤りの発見時には、その修正依頼も必要ですが、その際は、クライアントの納得が得られるように、論理的かつ説得力のある伝え方をしなければなりません。このようなコミュニケーション能力の背景には Think や Humanity の要素が求められ、ＡＩや機械による自動化が難しい部分です。

また、そもそも監査の仕事は公認会計士としての資格が必要になります。ＡＩや機械は法的な権利帰属の主体にならないので、Body の要素として人間の存在が不可欠です。

ＡＩや機械によって監査で効率化される部分はあるものの、こうした人間としての公認会計士にしかできない業務は数多く存在するため、監査業務のすべてをＡＩや機械が代替することは当面は難しいと思われます。

とはいえ、単純業務は効率化されるので、同じ業務でも従来と同じ人手は不要になり、Think や Humanity の要素を伴う高いコミュニケーション能力や高度な判断が求められる分野での付加価値の発揮が重視されるようになっていくでしょう。

また、公認会計士には、監査以外にも会計と財務に関するコンサルティングや、上場支援業務、Ｍ＆Ａ関連業務など多様な仕事があります。

これらの仕事においても部分的にはＡＩや機械による自動化は進むと思われますが、高いコミュニケーション能力や判断力などの Think や Humanity の要素が必要とされる部分が多いため、当面は仕事のすべてをＡＩや機械が取って代わることは難しいでしょう。

税理士業務の自動化の可能性

税理士の主な業務には、各種税金に関する税務申告書の作成、決算書を作成する決算業務、仕訳の入力などを請け負う記帳代行業務、税務調査への対応、税務コンサルティングなどが挙げられます。

このうちの記帳代行業務については、インターネットバンキングと会計システムが連携して、自動で仕訳入力が行われるクラウド会計がかなり普及してきています。紙の領収書についても、領収書の内容をスキャンしてＯＣＲで読み込めば自動で仕訳ができるようになりつつあります。

また、決算書や税務申告書についても自動作成機能を持つ会計システムが出ており、現時点でも、簡単な内容のものであればほぼ自動でできてしまいます。この精度は今後さらに上がっていくでしょう。

では、そういったソフトの精度が上がればすぐに税理士の仕事がなくなるかというと、それほど短絡的な話ではありません。

先に述べたように、どのような商品やサービスであっても、それが普及するためには消費者がある程度のリテラシーを持つことが必要であり、消費者は「便利なんだろうけど、よくわからない」「難しそう」と思えば手を出そうとしません。ITに詳しい方であればクラウド会計も抵抗なく導入できるかもしれませんが、ITが不得手な方にとっては導入のハードルは決して低くはありません。

そのソフトの認知度や社会的信頼性も重要な要素です。認知度も社会的信頼性もない段階では、「やっぱり専門的なことは税理士に見てもらわないと不安」という心理は生じます。そういった点でも税理士に対するニーズは一定程度存在します。

また、税務申告書への捺印は税理士としての重要な仕事の一つですが、ここは税理士資格の帰属主体としてのBodyの要素が求められます。

ただ、そういった技術やサービスが、パソコンを使わない人でも簡単に使えるまでに進歩して、消費者に対して十分な認知度と社会的信頼性が得られ、それが税理士の顧問報酬よりもはるかに安価で提供されるようになったとしたら、そして税理士の捺印をそこまで重視しない風潮が世の経営者に広まったとしたら、多くの税理士は窮地に立たされることになるのかもしれません。

一方、税務調査への対応は、機械による自動化は難しい分野です。条文の解釈と現場の実態を踏まえたうえで税務署と交渉することが求められ、複合的な判断力と論理的構成力、交渉を進める人間力も求められるため、Think と Humanity の要素が必要となります。また、税務リスクの分析や節税スキームの提案といった税務コンサルティングに関しては、個々の状況を把握した提案が必要となり、Think の要素が求められるので、当面、自動化は難しいでしょう。

司法書士業務の自動化の可能性

司法書士の主な業務には、登記、相続関連業務、成年後見、民事信託などが挙げられます。

これらのうち商業登記と法人登記については、法人設立登記や役員の住所変更登記などの複雑な判断が求められない内容は、近いうちの自動化が予想されます。実際、司法書士法人の監修でＡＩを活用した登記サービスも始まっていて、さらなる自動化に向けたサービスが広がると思われます。

不動産登記に関しては、登記前の準備として当事者の実体や意思の確認、契約書への落とし込みといった業務は自動化が困難かもしれません。

一方で、ブロックチェーン技術を取り入れて登記申請の自動化を進める動きもあります。

現在の不動産取引の決済では、資金決済後に登記申請をします。そのために、法務局での登記完了まで一定のタイムラグがあり、第三者対抗要件を具備しない不安定な状態が存在します。そこで、登記申請時ではなく、不動産取引の資金決済と同時にブロックチェーンに自動的に対抗要件具備の権利が記録されるようにして、不動産取引の安全性を高める動きが進んでいます。

こうして、司法書士を通さずに登記が行えるサービスが普及すれば、登記業務の相場は下がると思われます。このことを踏まえて登記以外の業務の収益拡大に向けて動き始めている司法書士も少なくありません。

相続関連業務の遺言書作成では、だれに何を相続させるかをクライアントからヒアリングして、その内容を単に書面にまとめるだけであれば自動化される部分もあるかもしれません。しかし相続は、人の生死や心の機微に関わる非常にデリケートなものです。そういった心の機微と家族関係に配慮した相続に関するコンサルティング業務は、ＡＩや機械には代替されにくい分野と考えられます。

後見業務を遂行するには、成年後見人に選任される必要があり、法的権利の帰属主体としてBodyの要素が必要です。また、成年後見は、成年被後見人やその家族の人間性や環境を踏まえた臨機応変な対応が必要であり、Think、Humanity の要素が求められます。そのため、ＡＩや機械による自動化は難しいでしょう。

信託業務に関しては、その用途や目的に応じた柔軟な設計が求められるため、依頼人のニーズと気持ちを汲み取るためにも Think、Humanity の要素が求められ、ＡＩや機械による自動化は難しい業務といえます。

行政書士業務の自動化の可能性

行政書士の主な業務は、建設業や宅建業などの許認可の手続き、就労ビザなどの入管業務、株式会社や一般社団法人などの法人設立業務、相続手続きや後見などの市民法務業務などです。

このうち許認可業務については、都道府県などの行政の管轄により書式や添付書類が異なる場合もあるため自動化は進んでいませんが、政府の「デジタル・ガバメント実行計画」によって書式の統一などが行われれば、書類作成業務については自動化される可能性も否定できません。

一方で、許認可業務では、代理人として行政と交渉することや、複数の利害関係者との調整が必要な場合もあります。こういった交渉や利害関係者の調整はThink、Humanity、Bodyの要素が求められるため、自動化は難しいと思われます。

また、民泊やドローンに関するビジネスなど、新たなビジネスモデルが生まれた際に何らかの許認可リスクがあるのかどうかの相談を受ける場合があります。技術の急激な進歩に伴うさまざまなビジネスモデルの誕生により、こうした相談業務は今後さらに増えると予想されます。こうした業務にはビジネスモデルをよく把握したうえで判断するThinkの要素が求められ、ＡＩや機械による自動化は当面は難しいでしょう。

このほか、行政書士は争訟性がない案件に関する相続業務や後見業務も可能です。これらの業務は、司法書士の項で述べたようにHumanityの要素が強く求められ、クライアントに寄り添うことが求められる業務です。他の業務にもいえますが、「この人に相談したい」と思われるクライアントとの信頼関係の構築は、ＡＩや機械にはまねできない、人間ならではの付加価値が発揮できる領域といえます。

社会保険労務士業務の自動化の可能性

社会保険労務士の主な仕事は、社会保険・労働保険に関する諸手続きや給与計算、就業規則の作成、人事労務相談が挙げられます。

このうち給与計算に関しては、計算のパターンがある程度定型化されており、勤怠データを取り込むと自動計算ができるようになりつつあります。

社会保険と労働保険に関する諸手続きに関しては、申請で必要な書類の中には作成が複雑なものもあり、すぐにすべてを自動化することは難しいでしょう。また、申請時の社会保険労務士としての捺印は、法的資格としての Body の要素が必要になるため、ＡＩや機械には不可能です。

就業規則の作成は、ビジネスモデルの内容、組織の現状、今後の方針、将来のビジョン、経営者の組織作りや人事に対する考え方などを把握し、最適な雇用関係を実現させるためにその内容を作成していきます。シンプルな内容のものであれば、所定のフォーマットを組み合わせる形で自動化できる可能性もありますが、複雑な内容のものは Think、Humanity の要素が必要となるため、当面、自動化は難しいでしょう。

人事労務相談に関しては、相談の内容が多岐に渡り、経営者、従業員の気持ちや想いとさまざまな状況を勘案した判断や提案が必要となり、Think、Humanity の要素が不可欠です。また、相談相手の悩みや苦しみに寄り添い共感する、解決策の実行にあたって勇気づける、その進捗を管理する、経営者と従業員の間に入り双方の話を聴き調整するなど、Humanity の要素が強く求められる局面が多々あります。こういった分野は、より自動化が難しいでしょう。

弁理士業務の自動化の可能性

弁理士の主な仕事は、特許権、実用新案権、商標権、意匠権といった知的財産権の出願登録手続きと、これらの取得のためのコンサルティングや先行出願の調査などがあります。このうち、出願に関する書類作成に関しては、ＡＩを活用して効率的に書類作成を行うサービスが存在しており、今後の技術の進歩によって自動化される可能性は高まるでしょう。また、先行出願の調査に関しても、対象となる技術と類似したものをＡＩが探索してピックアップすることで、業務は大幅に効率化されると思われます。

一方で、権利の出願にあたっては、「クライアントがどういった範囲の権利を取得したいのか」「権利を取得する目的は何か」という点をヒアリングして、依頼者の取得したい権利が取得目的に照らして妥当なものかを判断することが重要です。

場合によっては、出願範囲の変更や分割、それに伴う権利の活用方法の提案を行うなど、コンサルティングの側面が強くなるケースも少なくありません。

こうした業務はThinkの要素が問われます。相手のビジネスモデルや想いを深く汲み取って理解する点、クライアントの納得を得られるように提案する点などで高いコミュニケーション能力が求められ、Humanityの要素も重要となります。こういった業務については、現時点で自動化することは難しいでしょう。

中小企業診断士業務の自動化の可能性

中小企業診断士の業務は経営企画・戦略立案、販売・マーケティング、財務、人事・労務管理など、経営に関する幅広い業務が挙げられます。他の士業に比べるとコンサルティング業務の割合が多く、正に経営参謀として企業の経営に関わる業務が多いといえます。

単純な手続き業務に関しては他の士業と同様自動化される可能性は高いといえますが、Think、Humanityの要素が求められるコンサルティング業務に関しては自動化される可能性は低いでしょう。そのため、他の士業と比べてＡＩによって代替される仕事の割合は少ないと思われます。

第３章

ＡＩ時代の事業戦略

参謀として付加価値を発揮する事業戦略

「自動化されやすい業務」の事業戦略

「自動化されにくい業務」の事業戦略

参謀として付加価値を発揮する事業戦略

変化し続けることが求められる時代へ

これまで士業の市場は他業界に比べて、比較的安定した状態だったといえます。

会社設立時の法人設立登記や税務申告書の作成・提出、監督官庁の許認可の取得など、制度として義務づけられている手続きをサービスとしている士業の仕事は、「買わなければならない商品」という性質を持つため常に一定の需要が存在し、さらに資格によって参入障壁が設けられています。そのため、お客様や他の士業からの紹介などで十分な収入が得られることも多かったため、他業界のようにマーケティング戦略をそこまで緻密に考える必要もありませんでした。

ところが、技術の進歩によって手続き業務は自動化される可能性が出てきており、ウェブの発達によって情報格差がなくなるにつれて、価格競争は激化の一途をたどり、士業の市場も安定した市場とはいえなくなりました。

今後もさらに技術が進歩すれば市場はさらに変化し、じっとしていれば取り残され、競合との差は広がり、一度できた差を取り返すことが困難になると淘汰されます。こうした激動の時代においては、流れを見極めて具体的なアクションを起こし続けることがむしろ最も安全な戦略といえるでしょう。

作業者から参謀へ

技術の進歩によって単純作業が自動化されていく今後の時代においては、士業はお客様との関わり方を「作業者」から「参謀」へと変化させていくことが必要になるでしょう。「参謀」の定義はさまざまなものが考えられますが、ここでは「相手が達成したい目的をより深く把握し、そのための手段を幅広い視点から提案し、達成を支援する人」と定義します。

そして、「参謀」は士業としての専門分野のコンサルティングから始めて、さらに経営の上流に関与し、経営のコンサルティングを行うようになると「経営参謀」となります。

報酬の単価も、作業者より参謀、参謀より経営参謀が高くなる傾向にあります。作業者の仕事は自動化によってなくなる、または相場が著しく下がることが懸念されるため、参謀、さらには経営参謀として付加価値を発揮する事業戦略が、士業として生き残っていくうえで重要となるでしょう。

事業承継が経営の大きな節目になる

本書の冒頭で日本が迎えている「少子高齢化」「グローバル化」「機械化」の3つの潮流に触れましたが、特に少子高齢化に関連して、この参謀の重要度は増していきます。

日本の経営者の平均年齢をみなさんはご存知でしょうか。東京商工リサーチの2018年の調査によると、経営者の平均年齢は61・7歳とされています。

中小企業庁によると、経営者の平均引退年齢は70歳とされ、その70歳を越える中小企業や小規模事業者の経営者は2028年頃までに約245万人にのぼり、その約半数の127万人は後継者が未定であると見込まれています。日本の企業数が約400万社といわれているため、この数は日本企業全体の約3分の1となります。現状を放置すれば、中小企業や小規模事業者の廃業により、累計約650万人の雇用と約22兆円のGDPが失われる可能性があると指摘されています。

毎年必ず社長は歳をとります。それに伴い気力も体力も衰え、いずれは引退を余儀なくされます。おそらくこの先の10年間で社長が引退し、後継者が新社長として就任する会社が一斉に増えるでしょう。その際、「先代の下で長年会社の経営に携わってきた」という後継者なら頼もしいですが、そのような後継者ばかりではありません。特に中小企業では「先代社長の子供だから」という理由で、経営の知識も経験もないまま社長になるケースも多く、今後、事業承継が一斉に起きれば、経営を知らない社長が一気に増える可能性があります。

近年、後継者不在が原因の解散や廃業、経営を知らない後継者への事業承継が原因と思われる業績低迷や倒産が急激に増えており、こうした事例は今後さらに増えるでしょう。日本企業の99・7パーセントは中小企業ですが、多くの中小企業がこの事業継承のリスクを抱えており、顕在化すれば日本経済は大きなダメージを受けるおそれがあります。このように、事業承継の問題は、今後の日本が避けて通れない重大な問題です。

この社会情勢を考えれば、後継者の経営力の養成や、経営の助言ができる経営参謀の育成は、日本の喫緊の課題だといえます。この課題に対する取り組みとして、私は後継者や経営参謀をめざす方、特に士業の人たちに心理学と感情の性質に基づいて経営を改善する経営心理学をお伝えしています。

高まる経営参謀へのニーズ

これまで多くの後継者に接してきてつくづく感じるのは、「後継者はつらい立場にある」ということです。先代が築き上げた事業の引き継ぎは、場合によってはゼロから会社を興すよりも大変だといえます。

後継者は、自分がやりたい事業かどうかにかかわらず、多くの従業員の生活への責任を負います。先代が気に入って採用した従業員でも、後継者にとっては合わない場合もあります。先代の借金があれば連帯保証人になり、まだ深い信頼関係がない複数の利害関係者とのしがらみの中で、さまざまな決断を迫られます。経営の力量も常に先代と比較され、先代より劣るとみなされると「先代の頃は良かったのに」と周囲から批判されます。

一方で、そのような会社の中に、後継者に的確な経営の助言ができる経営参謀と呼べる人がはたしてどれほどいるでしょうか。私のコンサルティング先の多くは2代目、3代目の後継者であり、「経営がわかる社外の人に経営について相談したい」というニーズを強く感じています。このように、経営者の高齢化による事業承継が進めば進むほど、経営参謀に対するニーズは高まっていくでしょう。

士業に備わっている経営参謀としての適性

私は、士業は経営参謀にうってつけの存在だと考えています。その理由として、士業には次の4つの強みがあるからです。

士業の強み①「法律や会計など経営に不可欠な分野の専門的な知識や経験がある」
士業の強み②「多くの会社の経営課題に触れる機会がある」
士業の強み③「経営者と接点を持ちやすい」
士業の強み④「資格という社会的信用がある」

経営者は業績拡大、新規事業の立ち上げといった「攻め」の部分は得意でも、法律や会計、税務、労務といった「守り」の部分には疎いと感じることが多々あります。この「守り」の部分は、士業の専門分野であるため（**士業の強み①**）、士業が経営参謀として関わることで、「守り」の部分が補完でき、経営の安定化につながります。

また、多くの経営者は自社の経営しか知らないため、経営課題に直面すると「他社はどうやって解決しているのか」について強い関心を持ちます。そのため、他社の解決事例の紹介ができることは、経営参謀としての重要な価値となります。この点、士業は多くの会社の経営課題に触れる機会があるため（**士業の強み②**）、守秘義務を守ることを前提として、その部分で価値を発揮できます。

それから、経営参謀として顧客を獲得していくためには、多くの経営者と接点を持つことが必要です。これは一般のビジネスマンには簡単ではありませんが、士業には経営者と接点を持つ機会が比較的多くあります（**士業の強み③**）。さらに、資格でその分野の専門能力が担保され、経営者からの信用が得られやすいのも利点です（**士業の強み④**）。

これらの強みを鑑みると、士業は経営参謀にうってつけの存在だといえるでしょう。

経営課題に関する相談は、インターネットで簡単に答えが出る相談とは違います。従業員や顧客との関係、財務状況、業界の動向、競合他社の動き、経営者の価値観、関連する法令など、複数の要素を勘案する必要があるため、Think や Humanity の要素が強く求められ、自動化が極めて難しい仕事です。そのため、経営参謀としてクライアントの経営課題の解決に向けた支援ができれば、ＡＩ時代を生き抜くための大きな付加価値となるでしょう。

本章では、参謀あるいは経営参謀として付加価値を発揮していくための事業戦略をどう展開していくかについて、業務を「自動化されやすい業務」と「自動化されにくい業務」に分け、次の方針を基本戦略としてお伝えしていきます。

基本戦略①「自動化されやすい業務」は、効率化と低コスト化を行い、相場が下がっても利益が出せる体制を作る

基本戦略②「自動化されやすい業務」の効率化によって生まれた時間を「自動化されにくい業務」の拡充に充て、参謀、経営参謀としての付加価値を高め、高単価で顧客を獲得する

「自動化されやすい業務」の事業戦略

技術を敵に回すのではなく「使う側」に回る

基本戦略①「自動化されやすい業務」は、効率化と低コスト化を行い、相場が下がっても利益が出せる体制を作る

まず、基本戦略①についてですが、参謀、経営参謀をめざすとしても、現時点で自動化されやすい手続き業務などが収益の柱で、顧客も多くいる場合には、その業務を継続する必要があるでしょう。ただし、自動化が進めば相場の低下が見込まれるため、相場が下がっても利益が出せるように低コスト化することが必要です。

現在、世界で数十人の人が人類の半分の富を手にしているといわれますが、その多くはIT関連の仕事、つまり「技術を使う側」の仕事をしており、今後も技術を使う側の人が富を手にし、技術を敵に回した人が失業のリスクにさらされると思われます。

これは士業の業界でも同様であり、ＩＴやＡＩなどの技術を敵に回すか、使う側に回るかで将来の明暗は分かれるでしょう。士業の業務でもＩＴやＡＩを使った新技術やシステムを導入すれば、大幅に効率化と低コスト化が図られ、低価格でも利益が出せる仕組みができます。月数千円から使えるＡＩソフトの導入やクラウドサービスの活用によっても大幅な効率化は図れます。

そういった仕組みを作り、報酬を下げてより多くの顧客獲得を図り、シェアを拡大する事務所が増えていけば業界全体の相場は下がります。特に申請書作成や登記など、あまり腕の差が出ない単純作業は業界相場の影響を受けやすいので、そのような仕事で利益を確保し続けるには効率化と低コスト化を図ることが不可欠です。

会計事務所の業務効率化の例

私は公認会計士兼税理士として会計事務所を経営していますが、事務所では新しいツールを導入して業務の効率化と低コスト化にいち早く取り組んでいます。

まずクラウド会計を導入し、インターネットバンキングの入出金取引が生じると自動で会計処理が行われるようにすることで入力作業を大幅に減らしました。

また、顧問先とは決算後報告や重要な相談では直接お会いしますが、特に大きな報告事項がない定例の打合せはスカイプやフェイスブックなどのビデオ通話で行います。こうする前は顧問先への移動に時間を要しましたが、今は移動時間を削減できました。

また、顧問先の社長、経理担当者、弊社の担当者でチャットワークのグループを作って情報を共有することで、コミュニケーションに要する時間も減らすことができました。

そのため、弊社では「①会計システムはクラウド会計」「②定例の打合せはビデオ通話」「③基本的な連絡手段はチャットワーク」という条件で顧問契約を結んでいます。この条件で顧問契約がとれるのかと思われるかもしれませんが、クラウド会計のメリットを理解していただくと、「ぜひ、クラウド会計にしたい」と興味を持たれ、定例の打合せはビデオ通話くらいがちょうどいいという方も少なくありません。チャットワークの経験がない方でも、導入支援を丁寧に行えばすぐに連絡が取り合えるようになります。

このように、「来た仕事はとにかく受ける」というスタンスではなく、業務量と報酬額の費用対効果が高くなる顧問先との契約を増やすことを重視しています。

行政書士事務所の業務効率化の例

行政書士の石下貴大氏は、契約書のレビューをＡＩが行うＡＩＣＯＮというサービスを活用して契約書のチェックやダブルチェックの時間を大幅に削減し、許認可申請業務や法人設立業務などについては、業務ごとの単純作業をＲＰＡにより自動化し、効率化と低コスト化のための体制を作っています。契約書の締結については、自社で開発した電子契約書システムを活用することで、コストを削減しています。

また、事務所には在宅や子育て中のスタッフもいるため、ＣＲＭ（カスタマーリレーションシップマネジメント）システムというツールを活用しています。このシステムにスタッフが各案件の進捗を入力し、各業務の進捗状況を可視化することで、業務を効率化できています。また、許認可の期限管理や法人役員の任期管理などを半自動化でき、許認可の更新や役員の重任登記の通知を漏れなく網羅的に行えるようにしたことで、その提案に要する時間が大幅に短縮できています。

自動化されやすい単純作業に追われて、自動化しにくい業務に着手できない状況が続けば、業界相場の低下から利益を出すのが難しくなります。単純作業は新しい技術で効率化、低コスト化して、相場が下がっても利益を出せる体制を整え、効率化で捻出した時間を自動化されない業務に充てる――こうした体制作りをいち早く作れた士業事務所が、今後の時代は有利にビジネスを展開するでしょう。そのためにも、加速度的に進歩する技術を「敵に回す」のではなく、「使う側に回る」ことが重要な戦略になります。

「自動化されにくい業務」の事業戦略

コンサルティングメニューを作る

> 基本戦略②「自動化されやすい業務」の効率化によって生まれた時間を「自動化されにくい業務」の拡充に充て、参謀、経営参謀としての付加価値を高め、高単価で顧客を獲得する

次に基本戦略②についてお話しします。自動化されにくい業務の基本的な性質としては、「Think」「Humanity」「Body」の3つの要素のうちいずれか、あるいは複数が求められる業務です。この業務例には、スキーム・ノウハウの提案、複雑な分析・調査などのコンサルティングが挙げられます。ご自身の業務で自動化されにくい業務を、今一度整理してみてください。コンサルティングのような自動化されにくい業務が現状のサービスメニューにないのであれば、新たに作ることを検討する必要があるでしょう。

コンサルティングメニューを作るうえでは、「自分ができることは何か」と「お客様が望むことは何か」の両面から考える必要があります。そして、コンサルティングメニューを考えたら、次に具体的な関与の仕方を決めます。打ち合わせは訪問か電話やメールでの対応なのか、その頻度、それぞれのケースにおける顧問報酬などを事前に設定します。

ただ、コンサルティングは、申告書の作成や登記手続きのような「買わなければならない商品」としての性質を持たないため、一定の需要が確保されているわけでもなく、社会的な認知度もそれほど高くはありません。その状況でゼロから顧客を開拓することは簡単ではないため、手続き業務をご依頼いただいた既存のお客様に提案できるコンサルティングから始めることが現実的でしょう。

そのため、「お客様が望むことは何か」については、まずは手続き業務のお客様が抱えがちな課題を対象とすることをお薦めします。

既存のお客様が抱えがちな課題とコンサルティングの例

手続き業務のお客様が抱えがちな課題は、「手続き業務の目的を達成した後に残る課題は何か？」という切り口から考えれば見つかりやすくなります。

たとえば、相続登記を依頼されたお客様であれば、二次相続対策の課題を抱えている可能性があるため、その場合は二次相続対策のコンサルティングが提案できます。信託に詳しい方であれば、信託のコンサルティングを提案するのもよいでしょう。

労務トラブルにまつわる手続きを依頼されたお客様であれば、今回のトラブルが解決した後でも、同様の問題が生じないようにするための組織体制の構築という課題は残るでしょう。そこで再発防止のための組織体制構築に関するコンサルティングが提案できます。

許認可申請の依頼であれば、許認可取得後、その業界の特殊事情や許認可リスクに対応しながらビジネスを進めるためのコンサルティングを提案するのもよいでしょう。

前出の行政書士の石下氏は、産業廃棄物処理業を得意分野としています。産業廃棄物処理業はビジネスの特殊事情やリスクも多く、また関連する法律も多いため、これらに対応するためのコンサルティングのニーズは非常に高いといえます。そこで、石下氏は許認可申請の依頼を受けたお客様に対して、業界の特殊事情やリスクに対応するコンサルティングを提案し、現在は一〇社以上の会社から顧問契約を得ています。競合が少ないこともあり、単価を高く設定できており、そこからさらに教育研修の仕事も受注しています。

手続き業務を提供して終わりにするのではなく、既存のお客様がどういった課題を抱えているかと常にアンテナを張り、提案の際の反応を見ながら、繰り返し粘り強くコンサルティングメニューの内容を調整していくことで、高い関心を持ってもらえるコンサルティングメニューが徐々にできあがっていきます。こういったコンサルティングメニューを持つことができると、収益の状況も大きく変わるとともに、ＡＩ時代に向けた新たな事業の柱を作ることができます。

レクチャーの必要性

コンサルティング業務は、申告書の作成や登記手続きのように社会的認知度が高くなく、具体的な業務の内容もイメージしにくい業務だといえます。そういった業務については提案時に「これは依頼しなければならない」「自分には必要だ」と思ってもらうためのレクチャーが必要です。このレクチャーで伝えるべき情報としては次が挙げられます。

情報①　このコンサルティングはどのような課題を解決するのか
情報②　その課題を解決しないまま放置するとどういう問題が起きるのか
情報③　具体的なサービス内容

情報④　具体的なサービス内容（③）が①の課題を解決する論理的な根拠
情報⑤　これまでの課題解決事例。お客様の声

レクチャーにあたって、特に情報⑤の課題解決事例やお客様の声は重要で、この有無が説得力を大きく左右します。このように自らの意見を事例で補強して意見の説得力を高める話法を「例証」といい、レクチャーの場面のみならず、自分の意見を述べる際には大いに効果を発揮する話法です。

手続き業務のお客様への提案

レクチャーの内容がまとまったら、課題を抱えている人と接触し、提案の機会を得ていきますが、それは容易なことではありません。

しかし申告書や届け出書の作成や登記、社会保険の加入など、手続き業務のお客様が抱えがちな課題を対象としたコンサルティングであれば、そのお客様に対して提案の機会を得ることができます。

また、個別に提案するのが難しければ、セミナーとしてレクチャーの機会を設け、そのご案内をして、セミナーでレクチャーし、関心を示された方に個別に提案する方法も有効です。お客様の反応を見ながら個別に提案するか、セミナーをご案内するかを臨機応変に判断していきましょう。セミナーの開催については後の章でお伝えします。

こうした提案によりコンサルティング業務を高い確率で受注できるようになれば、手続き業務の価格を下げて顧客を増やすことで、より多くの人に提案の機会を得るという戦略が有効になります（間接的技術的失業の流れが進むと、この戦略が主流になると思います）。こうして「作業者」から「参謀」へと立ち位置をシフトしていきます。

価格以上のサービスを提供する

直接依頼されているわけではない業務の提案をすることは、「売り込み」と思われるのではと引け目を感じる方もいるかもしれません。たしかに、提案の仕方によっては売り込みと思われるかもしれません。

私は経営コンサルティングの過程でさまざまな会社のトップセールスマンに「商品を売るために最も重要なことは何ですか？」という質問を重ねてきました。その答えとして特に多かったのが、「信頼を得ること」「自信を持つこと」の2つでした。そして、自信を持つことが大事な理由として、「自信のなさはお客様に伝わるので自信がないと売れない。そのためにも商品に自信を持てるようになることが必要」という話が多く聞かれました。

本気でお客様の立場に立って物事を考え、その立場から提案していくことで信頼を得る。そして自信を持ってお薦めできる商品を提案する――こういったスタンスで営業に臨んでいる方がトップセールスの地位を確立しています。

士業の業界においても、今後はこうした営業の仕方が重要になります。「自分が売上を伸ばしたいから」という理由で提案すれば、後ろめたさを感じ、売り込みと捉えられることに抵抗を覚えます。しかし、「このサービスは間違いなくお客様のためになる」「このサービスならばお客様の課題を解決できる」と心から思うことができれば、堂々と提案できます。そのためにもまずは、心から自社のサービスを薦められるようになるまで徹底的にサービスの品質を上げることです。経験がないため品質の高いサービス提供が難しいのであれば、質の高いサービスを提供できるまでは格安で提供してもよいでしょう。目の前の利益よりも、経験を積むことと品質を上げることを優先し、お客様に価格以上のサービスを提供するプロ意識を持つことが、引け目を感じずに提案できるようになるための第一歩となります。

課題を引き出す質問力

もう一つ、「売り込み」と思われないために重要なことがあります。それは、お客様が抱えている可能性が高い課題について質問して、その課題について話をよく聴き、お客様の話を踏まえた形で提案することです。

こうすることで話の流れに沿って自然な形で提案ができ、その提案の内容もお客様の課題を詳細に把握した精度の高い説得力のあるものとなります。そのため、こちらから一方的に提案する場合と比べて、お客様が感じる抵抗はぐっと小さくなります。

こういった提案ができるかどうかは、「質問力」と「共感力」がカギを握ります。この質問力と共感力は私のコンサルティングの根幹となるスキルであり、また私が主宰する経営心理士講座の受講生の多くが提案を成約につなげている重要なスキルですので、順番に詳しくご紹介します。

まずは質問力です。質問には、①話題をコントロールする力、②相手に思考させる力、③必要な情報を引き出す力の3つの力があります。

たとえば、名刺交換の際に、「どのようなお仕事をされていますか？」と質問すれば話題は仕事の話になり、「ご趣味はありますか？」と質問すれば話題は趣味の話になります。

このように、会話においては一方が発した質問によって話題が決められます。これは質問が話題をコントロールする力（①）を持っていることを意味します。

また、たとえば、「昨日の夜は何を食べましたか？」と質問すると、相手は昨日の夜食べた物について思考するようになります。「御社の商品の特徴はどういったところですか？」と質問すると、相手は自社商品の特徴について思考します。このように、質問は相手に思考させる力（②）も持っています。

そして、その質問に対する答えを得ることで、必要な情報を引き出せる（③）のです。

この質問の力を活用すれば、交渉力、説得力、人脈形成力、問題解決力などさまざまなスキルを大きく伸ばすことができます。ここでは課題把握力と提案力を伸ばす「未来の質問」を紹介します。

たとえば、名刺交換の際には、扱う商品・サービスの内容、対象顧客、オフィスの場所、事業の経緯など、お互いのビジネスの現状について話をすると思います。大半のケースでは、一通りお互いのビジネスの現状について理解できれば、「ではまた何かありましたら」と会話を終えることが多いのではないでしょうか。

この現状の話を踏まえたうえで、「今後はどうされたいですか？」と未来について質問してみてください。この未来の質問から、会話は大きく展開していきます。

「今後はこうしていきたい」という未来のイメージが明確にある場合は、そのイメージについて話されます。そのイメージが明確であればあるほど、話が進むにつれて話に熱が帯びてきます。一方で、未来のイメージが明確ではない場合でも、質問されることで相手は「今後どうしていきたいか」について思考を始め、そのイメージをまとめようとします。

「今後どうするかですか。そうですねぇ。まぁ、◯◯な感じにできればいいですね」

このようなおぼろげなイメージから始まり、その内容についてさらに具体的に質問していくと、イメージを明確にしていくことができます。こういった質問を展開していくと、現状と未来が明確になります。現状と未来が明確になれば、自ずと現状と未来の間に乖離が生まれます。この乖離が「課題」であり、この課題を解決したいという欲求が生じれば、それが「ニーズ」となります。

初対面で課題を引き出す会話例

たとえば、労務コンサルティングを業務とする場合において、交流会で初対面の人と名刺交換した際に相手から課題を引き出す場面を想定しましょう。おおよそ、次のような流れで会話を進めると、初対面の相手であっても短時間で抱えている課題を話してもらうことができます。課題が把握できればそれがニーズにつながり、さまざまな提案ができるようになります。実際、私はこういった会話の展開から複数の業務を獲得していきました。

Q（士業）「御社はどんなお仕事をされているんですか？」

A（相談者）「弊社は中小企業向けにホームページの作成業務をさせていただいています」

Q「ホームページの作成をされているんですね。社員は何名くらいいらっしゃるんですか？」

A「自分を含めて8名です」

Q「そうなんですね。特に得意な業界とかはおありですか？」

A「美容と飲食の業界のお客さまからよくご依頼をいただきますね」

Q「美容と飲食ですか。たとえば美容の業界で集客につながるホームページを作るうえで重要なポイントはあるんですか？」

A「そうですね。いろいろありますが、たとえば……（相談者がポイントを挙げる）」

Q「なるほど！それは凄いですね。その点は御社の大きな強みですね」

A「たしかに強みではありますね」
Q「今後はその事業をどうされていきたいですか？」
A「最近受注が増えてきているので、さらに受注を伸ばせる体制を作っていきたいですね」
Q「それは素晴らしいですね。そのためには何か課題みたいなものはありますか？」
A「やはり人の採用でしょうね。ＩＴ業界は慢性的な人手不足の状況にあるので、人の確保が大変です」
Q「なるほど。では、人が採用できればまだまだ売上が伸ばせそうですか？」
A「まだまだ伸ばせると思います」
Q「たとえば、今年中に何名増やしたいといったイメージはありますか？」
A「5名は増やしたいと思っています」
Q「5名ですか。ちなみに5名増えると売上はどれくらい増やせそうですか？」
A「う〜ん、○○円は増やせるのではないでしょうか……」
Q「なるほど。それは是非とも採用したいところですね。採用にあたっては同業他社と御社の違いを説明して、魅力をアピールすることが大事ですが、その点はどんな風に表現されていますか？」

A「そこがなかなか難しいですね。うちは何か際立った特徴がある会社でもないので」

Q「そうですか。私は労務のコンサルティングを行っていますが、経験上、やはりそこがきちんとアピールできるかどうかが採用のカギになっていますね。実際にこんな事例がありまして…（クライアントの成功事例）」

A「やっぱりそうですよね」

Q「人が確保できれば売上も伸ばせるという状況なので、もったいないですね」

A「そう思います。その点はしっかり考えないといけないですね」

Q「多分、もう少し詳しくお話を伺えば、御社の魅力をアピールする方法を考えるお手伝いができると思うんですが、また改めてお話を聴かせてもらってもいいですか？」

A「わかりました。ぜひお願いします」

課題を引き出す会話のポイント

この会話の流れを人間心理の観点から解説すると、①「現状」、②「未来」、③「課題」、④「課題が解決することで得られる状況」、⑤「④の具体事例」の5点について話してもらうことがポイントとなります。

まず①「現状」について質問し、相手の会社のビジネスモデルや状況を把握します。そのうえで、②「未来」の質問をし、未来について話してもらうことで、現状と未来との間に乖離が生まれます。そこからこの乖離を埋めるために克服しなければならない③「課題」について質問します。そして、④「その課題が解決することで得られる状況」について話を展開することで、相手に課題を解決する必要性を強く意識してもらい、ニーズを強化することができます。その状態で⑤「④の具体事例」を話すことで、④の内容を補完します。

こういった会話を展開して、課題解決のコンサルティングに対するニーズを引き出し、課題解決のための提案の段階に移ることができます。

ただし、ここで注意しなければならないのは、課題をどこまで深く把握できたかによって、提案する内容も、その精度もお客様の満足度も大きく異なるということです。その課題を深く把握するうえで必要なのが「質問」です。

課題の把握のレベルと提案内容の精度

たとえば「離職率が高い」という課題を把握したとして、その事実を把握するのみで提案をしたとすれば、提案の内容は、給与を上げる、従業員のモチベーションを上げる関わり方をする、仕事の量や内容を見直す、社内レクリエーションを増やす、より多くの人を採用できる戦略を考えるなどといったものになるでしょう。

ここで「離職率が高い理由は何ですか？」という質問をすることで、提案の内容が大きく変わる可能性があります。その理由が部下に対する指導が過度に厳しいベテラン従業員がいて、彼の指導が原因で多くの従業員が辞めているということであれば、提案の内容は、そのベテラン従業員の指導を改めさせる、部下と関わらない部署に異動させる、彼の下に部下をつけないようにする、周りの従業員がフォローする体制を作る、場合によってはそのベテラン従業員の退職勧奨も検討するといったものになるでしょう。

さらに、「その従業員に対してこれまで具体的な対応をしてこなかった理由は何ですか？」という質問をすることで、たとえば、「自分は2代目社長で、その従業員は先代の頃から勤務している。自分は幼い頃からその従業員に面倒を見てもらっていたので、とても指導できる立場にはない」といった理由が出てくることもあります。であるならば、先代社長から指導をしてもらうという提案になるでしょう。

それぞれの提案内容を比べてみると、その内容は明らかに異なります。課題の本質を突き止めないままの提案は、的外れなものになる危険性が高いということがおわかりいただけると思います。

さまざまな会議に参加していると、課題の本質を突き止めようとせずに、課題の表面的な部分だけ聞いて、すぐに意見を言おうとする人が少なくありません。特に、成功体験が多い方や目上の立場の方はその傾向が強いです。表面的なことしか聞かずに多くの人が意見を述べた後に、私が課題の本質を探る質問をした結果、新たな情報がたくさん出てきて議論の方向が大きく変わったということはよくあります。

そのため、一旦は課題を把握できたとしても、すぐに提案をせずに、その課題の本質を突き止めるために質問を重ね、相手の話をよく聴く姿勢を持つよう意識してください。この意識を持つことは高い提案力を身につけるために不可欠なことであり、また、相手から高い信頼を得ることにもつながります。

課題を引き出す共感力

質問さえすれば相手はどんなことでも話してくれるかというと、そうでもありません。悩みというものは、必然的に話せる相手も限られます。

たとえば、先ほどの例がベテラン従業員ではなく社長の愛人だった場合はどうでしょうか。社長の愛人が会社の経営に口を挟み、従業員に対して厳しく当たる。それを社長は愛人が怖くて何も言えずに見て見ないふりをする――そんな状況では、離職率が高い理由について質問されても本音を話すことは簡単ではないでしょう。

ただ、「この人なら自分の気持ちをわかってくれるだろう」と思える相手には、「お恥ずかしい話なんですが……」と打ち明けてくれるかもしれません。相手にとって自分がそういう存在になることができなければ、質問をしても課題の本質を突き止めることができず、その結果、精度の高い提案もできないで終わってしまいます。

ここで求められるのがHumanityの要素です。相手の気持ちに寄り添い、共感しながら話を聴く姿勢が相手の本音を引き出します。課題を把握するには、こういった点についてまで意識して行う必要があります。

自分が抱えている課題を話すということは、見方によっては恥をさらすことでもあります。また、機密性が高い情報が含まれている可能性もあります。そのため、課題は深い部分になればなるほど、安心して話せる相手にしか打ち明けられなくなります。同じ課題を聴くにしても、相手の気持ちに寄り添い、共感しながら話を聴ける人と、事実の把握だけしようとする人とでは、話してもらえる課題の深さはまったく異なり、それが提案の精度の差、提案力の差となって表れます。

そして、多くのお客様の課題を深く把握し、提案を繰り返していく中で、お客様のニーズに合った、成約率の高いコンサルティングメニューと提案の方法が確立できるようになっていきます。

「人間」に求められる最後の付加価値とは

私は「ＡＩ時代のキャリア戦略」の連載やＡＩとキャリアに関する講演活動を通じて、技術の進歩と「人間」としての付加価値やキャリアについて考察を重ねる中で、大きな流れとして感じていることがあります。

それは、機械化が進めば進むほど「人間」の時代になるということです。

人は人から必要とされることで自らに存在意義を感じ、存在価値を見出すことができます。そのため、だれからも必要とされなくなることに強い恐怖を覚えます。そして、仕事は自らの存在意義や存在価値を感じられる貴重な機会です。

この先の20年後、30年後の未来、技術は今の私たちでは想像もつかないほどに進歩しているでしょう。人間とほぼ同じ動きができて、人間よりも圧倒的に優れた頭脳を持つロボットが安価で販売され、国の制度や社会インフラも整備されると、Think や Body の要素でさえも人間特有の力ではなくなり、大多数の仕事はロボットに取って代わられるかもしれません。

では、そのような時代においても人間に求められるものは何でしょうか。

それは人間とロボットの違い、つまり「人間であるかないか」ということであり、人間に求められるものは「人間であること」になるでしょう。それは「人間らしさ」であり「人間力」であるのかもしれません。

機械化が進めば進むほど、人間は「人間とは何か」「人間力とは何か」という点に強い関心を持ち、その部分での付加価値を考えるようになるでしょう。つまり、最後に人間の付加価値として残る要素は Humanity であり、そして、その付加価値を考えるうえでのキーワードが「共感」だと、私は考えています。

共感という人間固有の力

人間は他者に共感を求めます。嬉しいことがあればそれを一緒に喜んでもらいたい。悲しいことがあればその悲しさをわかってもらいたい。自分の意見には「自分もそう思う」と同意してもらいたい。人間にとってこの欲求は極めて強い欲求です。

嬉しいことを共有できる相手もいない、悲しんでいてもだれも気にかけてくれない、言った意見はことごとく否定される――このように共感を得られない状況が続くと、ほとんどの人は心が病んでしまうでしょう。

では、ロボットに「ワカルワカル、ソウダヨネ」「ジブンモソウオモウ」と言われて、心は満たされるでしょうか。おそらく心が満たされる方は少ないでしょう。また、仕事を依頼した業者がミスをして謝罪に来たものの、来たのはロボットで、設定されたプログラムに基づいて機械的な音声で「モウシワケゴザイマセンデシタ」と謝られた場合、そのミスを許そうと思えるでしょうか。許すどころか、かえって怒りが増すでしょう。

なぜロボットの同意や謝罪に満足できないのでしょうか。それは、「人間」は「人間」の共感を求めるからです。謝罪に関しても、人間が心から反省して、「申し訳ありませんでした」と謝罪すれば許そうと思えるのは、相手が自分の感じた不満や怒りに共感し、その気持ちを謝罪という形で表してくれているからです。

ここに、人間がＡＩ時代においても付加価値を発揮するための大きなヒントがあります。つまり、他者に共感することに人間特有の付加価値が存在するということです。

こういった流れに鑑みると士業の事業戦略も、より共感やHumanityの要素を重視していくことが求められるようになると思います。それは20年後、30年後といわず、近い将来においてもこれらの要素がより注目されるようになるでしょう。

共感を表現する力を身につける

相手の話に感情移入し、共感したとしても、ほぼ無表情であいづちも打たずに話を聴いていたのでは、その共感が表現できていないため、相手には伝わりません。

私は交流会の主催や講演などを通じてさまざまな業界の方と交流を持つ機会がありますが、その中で感じるのが、士業の方は共感を表現する力が弱い傾向があるということです。

相手の気持ちや感情よりも情報や事実のやり取りに意識を向けているため、表情も少なく、共感を示す語彙力も乏しく、情緒も豊かでない。そのため、初対面の方と話しても会話が弾まずに終わるケースも少なくありません。

一方、他のサービス業で特に営業職の方は自然と相手の話に感情移入し、相手の話に合わせて笑ったり、真剣な顔になったりして、身振り手振りも交えて共感を表現します。そのため、会話も弾み、さまざまな人と仲良くなっていきます。

書類を作成する仕事や法律の知識を提供する仕事など、答えが決まっていることに対してその通りに対応する仕事においては、共感力や共感を表現する力はそこまで求められるものではないかもしれません。しかし、こうした仕事は機械が最も得意な仕事であり、今後、自動化される可能性が高いといえます。

機械によって自動化されにくい仕事を獲得していくためには、相手の課題を深く把握して提案の精度を高め、心を開いて提案を受け入れていただく関係を築けるかどうかが大きなカギを握ります。そのため、士業には、共感力、そして共感を表現する力を磨くことがこれまで以上に求められるようになるでしょう。

士業としての専門知識と経験に加えて、質問力と共感力を身につけ、高い提案力を発揮できるようになれば、士業の市場のみならず、いかなる市場においても大きな付加価値を発揮できるようになります。実際にこれまで私が指導してきた士業の方で、この質問力と共感力を磨いたことで、次々に仕事を獲得できるようになった方は少なくありません。視点を変えれば、士業にはそれだけ伸び代があるのです。

このような流れでコンサルティング業務を受注できれば、今後、自動化が難しい業務の収益を伸ばせるようになります。そうやって自社の収益における自動化されにくい業務の収益割合を高めていくことが、ＡＩ時代に向けた重要な事業戦略となります。

第４章

経営参謀になり業務を獲得する

経営参謀として顧客の経営に関与する

経営参謀として活躍する士業

経営参謀として顧客の経営に関与する

経営者は常に経営課題を抱えている

質問力と共感力を発揮し、お客様の新たな課題やより深い課題が把握できると、お客様のニーズに合った、成約率の高いコンサルティングメニューが提案できるようになります。また、企業向けに業務を行う場合は、さらに深く課題を掘り下げると、多くの場合、経営課題に行き着きます。ほとんどの経営者は絶えず何らかの経営課題を抱えています。そして、その経営課題の解決方法や関連する知識、新たな視点などを相談できる相手を求めています。ここに経営参謀へのニーズが存在します。

また、先の章でもお伝えした通り、今後、事業承継によって経営の経験が少ない後継者が社長に就任するケースが一斉に増えることが予想されるため、経営参謀に対するニーズもより高まっていくと考えられます。

経営者の悩みについて詳しくなる

とはいえ経営課題の種類は多岐にわたるため、すべての経営課題に関して相談に乗れる経営参謀になることは決して簡単なことではありません。そこでまずは士業としての専門分野に関連する経営課題を扱う経営参謀をめざすことをお薦めします。いくら経営経験が豊富な経営者であっても、税務、会計、法律、労務、知財など、士業の専門分野に関する知識や経験には乏しかったりするため、そういった「守り」の分野を軸に経営参謀として関わることで一定の付加価値を発揮することができます。

そのうえで経営参謀として業務を獲得するためには、まず「経営の相談をされる存在」になる必要があります。そのためには質問力と共感力に加えて、「経営者の悩みに詳しい」「経営課題の解決につながる情報を幅広く持つ」ということが必要になります。

経営者から「この人には経営の相談をしてもわからないだろう」と思われていれば、そもそも経営の相談はされません。普段から経営者に多い悩みに触れるなどして、経営者から「この人は経営に詳しいな」と思われると、少しずつ相談されるようになります。ご参考までに、私がよく経営者から相談を受ける悩みをご紹介します。

人や組織に関する悩み

・部下のモチベーションが低く、仕事に消極的な指示待ち人間が多い
・部下の効果的な教育の方法がわからず、いつまで経っても部下が成長しない
・仕事はできるが組織の統率を乱す部下がいる
・先代からの経営幹部や古株社員が言うことを聞かない
・部下の叱り方がわからない。嫌われたくないので叱ることができない
・組織のガンになっている従業員を辞めさせる方法がわからない
・人手不足だが、募集しても応募がない。よい人材が獲得できない
・採用で人を見極めるポイントがわからない
・従業員の離職率が高い。採用してもすぐ辞めるので、多額の採用コストがかかる
・ゆとり世代や悟り世代の扱い方がわからない
・適正な給料の決め方や昇給のさせ方がわからない
・人事評価制度の作り方や評価の仕方がわからない
・後継者やリーダー、右腕が育たず、結局自分ばかりが忙しい
・先代社長が口を挟んで、社内の指揮命令系統が2つになっている

・支店や支社が互いに敵対意識を持ってしまって統率が難しい
・経営理念やビジョン、戦略の作り方がわからない

営業やマーケティングに関する悩み
・新規顧客の開拓が難しく、売上が伸び悩んでいる
・魅力的な提案の仕方、プレゼンの仕方がわからず、成約率が低い
・これまでのビジネスモデルが古くなり、収益が下がってきた
・同業他社との明確な差別化のポイントがない
・単発の取引で終わり、継続的な収入がない。顧客のリピート率が低い
・部下に営業力をつけさせたいが、営業の教え方がわからない
・ウェブ集客がうまくいかない。よいウェブ制作業者が見つからない
・業務提携の進め方がわからない。業務提携はしたものの有効に機能していない
・顧客を紹介してもらえない。どうしたら紹介してもらえるのかがわからない
・売上の大半を一人の営業マンに依存している
・売上の大半を一社の得意先に依存している

その他の悩み

・資金繰りが苦しい。売上は伸びているのに利益が出ない
・利益は出ているのに預金残高が減っていく
・借り入れ方法や事業計画の作成方法がわからない
・不安や心配で頭がいっぱいで夜も眠れない。銀行との付き合い方がわからない
・先代社長が株式の譲渡に応じず、十分な割合の株式を保有できていない
・事業承継、相続の際に兄弟ともめて、それが経営に支障をきたしている
・海外進出したいが、やり方がわからない。海外進出のための伝手がない

経営課題を把握することが経営参謀への第一歩

「果たして自分に経営参謀なんてできるのだろうか?」

そう思われる方も少なくないでしょう。私もかつてはそう思っていました。学生時代から経営コンサルタントに憧れていましたが、いわゆる戦略系のコンサルティングファームに就職しないと経営コンサルタントにはなれないと思っていました。

そんな私が経営コンサルティングの仕事を始めるきっかけとなったのは、交流会で知り

合った経営者にある質問をするようにしたことです。それは、「今の事業を今後どうしていきたいですか？」「そのために解決しなければならない課題は何ですか？」というものでした。その後、多くの経営者に同様の質問をしていて気づいたのは、「業種や業態、規模は違っても、経営者は同じような課題を抱えている」ということでした。そしてその課題がなぜ生じるのかについて心理学や感情の性質をもとに分析したうえで解決策を提案する経営コンサルティングを行うようになりました。

このように、まずは経営者がどのような課題を抱えているかを把握し、何らかの支援ができるようになれば、経営参謀への第一歩を踏み出せます。

経営課題を把握する場合、まずはご自身の士業としての専門分野に関するものから始め、その課題に関連させて「今後会社をどうしていきたいですか？」「そのために解決すべき課題は何ですか？」という経営課題に踏み込む質問へとつなげるアプローチから始めるのがよいでしょう。

ただ、経営課題に踏み込んだ質問をすると専門分野以外の課題も当然出てきます。それまでは関心を持たなかった課題でも、経営参謀の自覚ができると「自分の専門外」といっていられません。その分野の課題や解決策について関心を持つようになり、専門家に話を聴く、本を読む、セミナーを受けるといった方法で学び始め、扱える経営課題の幅が広がり、それが経営参謀としての能力に磨きをかけていくことになります。

経営課題に踏み込む会話例

経営課題に踏み込む具体的な会話の進め方について、前章の労務コンサルティングを業務とする場合の会話例に続く形でご紹介します。

士業「採用して人が増やせれば、売上を伸ばせるという話でしたね。そうすると、御社の魅力を応募者に伝える方法を考える必要がありますが、御社の魅力を表現するとしたら、どういったことが表現できそうですか?」

経営者「そうですね、弊社の魅力は……(詳細に説明)」

士業「なるほど。この点について従業員の方はどのように話していますか?」

経営者「従業員ですか、どうでしょう。聞いたこともありませんでした」

士業「社内で採用に関する会議は行ってはいないですか?」

経営者「特にしていません。自分一人で考えています」

士業「それは、採用も含めて、会社の経営に関しては基本的に社長が一人だけで考えているということですか？」

経営者「自分以外の従業員は全員エンジニアで、彼らにはひたすらホームページの制作をやってもらっています。ですから、経営に関して相談する相手はいないのが正直なところです」

士業「なるほど。今の人数からさらに人を増やすとなると結構な人数になりますが、その人数だと戦略的に組織を作っていかないと、いずれ限界がくるかもしれないですね。私が関与する会社も以前は組織作りを深く考えずに人を増やした結果、社長が一人で経営と現場の両方を対応する状況が限界を迎えて、大事な連絡の返信を忘れたり、現場への指示が不十分になったりして、トラブルが頻発する状況に陥っていました」

経営者「そうですか。弊社も実はそんな懸念もあるんです」

士業「なるほど。組織体制の構築や経営の運営方法についてお役に立てる情報を提供できると思いますので、一度、ランチでもいかがですか。いろいろな会社の経営に関与しているので、守秘義務の範囲内でよければ他社事例もお話しできると思います」

経営者「それはぜひお聞きしたいですね。お願いします」

この会話では、採用の課題から入り、組織体制に関する質問をすることで経営課題に踏み込んでいます。組織体制について、「社内で経営の相談ができる相手はいますか?」という聞き方では少し直接的すぎるので、「採用に関する会議は社内では行っていないですか?」という間接的な聞き方から組織体制を把握していきます。

さらに経営の相談相手やナンバー2がいない、組織体制が整っていないという経営課題を確認できれば、次にそれがいかに問題であるかを認識していただくための事例を話していきます。この事例が話せるかどうか、つまり例証ができるかどうかで説得力は大きく変わります。そのためにも経営者が抱える悩みについて詳しくなることが重要です。

課題の解決につながる情報を幅広く持つ

課題解決の提案に関しても、最初は士業としての専門分野から始めるのがよいでしょう。私の場合は会計と税務が専門なので、資金繰りや税金といった数字の相談から入ることが多いです。先方から相談されなくても、決算書を見れば多額の税金がかかる、あるいは資金繰りが苦しいといったことはわかるので、その点に関して質問し、じっくりと話を聴いたうえで経営課題を明確にし、その状況を改善するための提案をします。

たとえば、資金繰りが苦しい場合、公認会計士や税理士の提案として多いのは、経費の削減、銀行からの借り入れ、借入金返済のリスケジュール、売掛金と買掛金の決済サイトの見直し、換金性の高い資産の売却、補助金や助成金の獲得などです。これらについて詳しくなり、いくつか事例を経験してきちんと提案できることがまずは重要です。

資金繰り改善の方策①「経費節減」

経費削減は即効性がある資金繰りの改善方法の一つです。電気代、水道代、通信費、コピー代などは比較的簡単に削減できますが、数百万円から数千万円の経費削減になる場合もあります。こうした経費削減は提携先の経費削減業者に無料診断を依頼して、削減可能と判断されたら手続きをお願いしています。クライアントは削減できた金額の一部を報酬として支払うため、クライアントは得こそしますが損をすることはありません。

これらの経費削減は具体的な数字で効果を把握できます。こうした明らかな成果が出る提案をして信頼を得ることができると、より深く経営に関われるようになります。

資金繰り改善の方策②「借り入れ」

銀行からの借り入れや、借入金返済のリスケジュールで資金繰りを改善につなげるためには、財務状況を勘案して銀行とどのように交渉を進めるべきかを助言して、事業計画書の作成などを支援します。そのためにも各金融機関の法人営業担当者と接点を持ち、融資実行の際の重要なチェックポイントや有利な条件で借りるための制度について把握します。

さらにクライアントには銀行の法人営業担当者を紹介し、面談に同席してさまざまなフォローを行います。銀行からの借り入れは、法人営業の担当者経由で申し込むと、窓口から申し込む場合と比べてその後の手続きの負担がずいぶんと軽くなり、融資が通る可能性も高くなります。そのため金融機関の法人営業担当者との結びつきを強化するだけで大きな付加価値となります。

銀行の法人営業担当者は法人の融資先を必死で探しています。そのため、士業から「借り入れを希望している会社を紹介したい」と言われれば喜んで会ってもらえます。また、メガバンクよりも地方銀行や信用金庫、信用組合のほうが少額の融資でも柔軟に対応してくれますので、中小企業の借り入れを支援するうえではそういった金融機関がお薦めです。

資金繰り改善の方策③「補助金・助成金申請」

補助金や助成金の獲得も資金繰りの改善につながります。申請さえすれば高い確率で獲得できる補助金や助成金もあるのに、情報を知らないだけで取得機会を逸している企業が非常に多いのが現状です。前出の行政書士の石下氏が運営するサイト「みんなの助成金」では、補助金や助成金の情報がタイムリーに入手できます。こうした提案は資金繰りに困っている会社のみならず、ほとんどの会社に喜んでもらえる付加価値の高い提案です。

根本的な売上改善の提案

ただ、これらの方策はあくまで一時的なものであり、根本的な資金繰り改善のためには、売上を増やして利益が出る体制を確立することが必要です。そのための手立ては多数ありますが、私がこれまでにした提案の一部をご紹介します。

- **売上の構成を分析し、売上を伸ばしやすい商品と伸ばしにくい商品を明確にする**
- **利益率の高い商品と低い商品とに分類し、利益率の高い商品の販売を強化する**
- **商品の仕入れ先を見直す、あるいは仕入れ先と交渉して原価を下げて利益率を上げる**

・ターゲットとなる顧客像を明確にし、そのターゲットに絞った広告を打つ
・客単価を上げるため商品メニューを増やす。メニューが多過ぎる場合は数を絞る
・同業他社の状況を調べ、他社にはない強みを商品の企画に入れる
・消費者心理に基づいて営業マンの営業トークを改善する、モチベーションを上げる
・消費者心理に基づいて商品パッケージ、HP、チラシなどのデザインや文言を見直す
・HPやLPに関してABテストを行い、ウェブからの申込率を上げる
・店舗の外装・内装を見直し、SNSで拡散されやすくするための特徴的なデザインを行う
・接客のトークを改善するため、評価の高い接客係のトークを分析する
・モニター制度やアンケートを実施し、顧客の本音を把握する
・自社の商品と相乗効果が出せる商品を扱っている業務提携先を発掘する
・多くの顧客を紹介してくれる可能性がある人との接触頻度を上げる
・既存の顧客リストを整備して定期的にアフターフォローを行う
・過去の見込み客の掘り起こしを行い、キャンペーンなどのお知らせを行う
・人手不足が売上拡大の障害であれば採用戦略を見直し、募集をかける

経営参謀として付加価値を発揮する

課題に対してどういう打ち手があるかについては、普段から学びを深め、より広い視点で提案できるようにしておく必要があります。ただ、知っている打ち手を思い付きで話せばよいわけではなく、その会社のビジネスモデルや現状に関していろいろな角度から質問し、課題の本質的な原因を見極めたうえで、打ち手を導き出します。先にもお伝えした通り、精度の高い打ち手を提案できるかどうかは質問力がカギを握ります。

これは税務や会計を専門とする私が資金繰りの課題をきっかけに、より深く経営に関与していった例ですが、まずはご自身の専門分野に関連する経営課題から関与を始め、その経営課題を解決するための打ち手について学びを深め、経営課題に踏み込む質問をし、課題の本質を見極めたうえで提案できるようにしていきましょう。

このように、士業としての専門分野に関連する経営課題を扱うことで一定の付加価値を発揮していくことができます。

経営者が常に抱える課題を扱う

経営者が相談したいと思うことが何もないと経営参謀の必要性は薄れていきます。この点、士業としての専門分野に関する経営課題だけでは、相談したい課題も限られてくる可能性があります。そのため、長期的に経営参謀として関わり続けるためには、経営者が常に抱える課題について相談に乗れるようにすることが重要になります。

経営者が常に抱える課題としては、「人と組織の課題」と「売上の課題」が挙げられます。この2つの課題が経営者の頭の中から完全になくなることはなかなかないでしょう。ただ、いずれの課題がより重要な課題となるかは、会社の規模によって傾向があります。従業員が10人未満、売上が1億円未満くらいの規模であれば、売上の課題に対する比重が高く、そこから規模が大きくなるにつれて、人と組織の課題へと比重が移っていきます。そのため、この2つの課題のいずれかについて、ご自身の専門分野と絡めて相談に乗れるようにしておくことは、長期的に経営参謀としての関わりを続けるうえで極めて重要になります。

実際、私が主宰する経営心理士講座の士業の受講生が経営参謀として関与したり、企業の役員に就任したりして経営に携わるケースが増えていますが、多くの場合、人と組織の課題、売上の課題の相談に乗るようにしたことでそういった関与が始まっています。

課題の設定と進捗状況のモニタリング

経営参謀としての打ち合わせの進め方としては、まず課題を明確にすることから始まります。経営者は同時並行的に複数の課題を抱えています。その一つ一つを明確にし、その課題について状況と課題が生じた原因について確認し、一緒に打ち手を考えていきます。そして、その打ち手についていつまでに何を実行するかを決め、定期的にその進捗状況をモニタリングします。

複数の課題を同時に抱えている経営者にとっては、各課題の進捗状況をモニタリングしてもらうことで、その都度、課題に対して取り組む意識が喚起され、説明することを通して頭の中を整理できるとともに、課題に対する取り組みの漏れを防ぐことができます。

また、課題の内容には2つの種類があります。一つはネガティブな状況を解消するという課題。もう一つは現状よりさらにポジティブな状況をめざすという課題。前者の課題を解決すると、もう課題がなくなってしまい必要とされなくなるのではと思うかもしれませんが、後者の課題を明確にすることで、さらなる会社の成長を支援することができます。

また、後者の課題については経営者が認識していないことが多いため、「今の御社にとっての次のステージは、どのような状況でしょうか?」と質問することから、後者の課題が明確になっていきます。

特に後者の課題については、会社の成長にとって重要ではあるものの緊急性はないため、第三者の関与がないとなかなか着手しない傾向にあります。そのため、この課題の解決に向けて期限を決めて実行を促すことは、会社の成長を支援するうえで極めて重要な関わりとなります。こういった関わりこそが経営参謀の醍醐味だと感じています。

この関わり方をベースに、経営参謀として関与する際の5つのポイントについてお伝えしていきます。

ポイント①　経営者の気持ちに寄り添い、熱意を持ってフィードバックする
ポイント②　「成功」の定義の確認
ポイント③　複数の情報入手経路を確保する
ポイント④　解決事例を伝える
ポイント⑤　専門外の分野は他の専門家と連携する

それぞれのポイントについて詳しく紹介します。

①経営者の気持ちに寄り添い、熱意を持ってフィードバックする

まず重要なのが、経営者の気持ちに寄り添い、「この会社の経営を良くしたい」という熱意を持って関わることです。そんなことかと思われるかもしれませんが、多くの場合、経営者は孤独を感じています。会社のことを本気で考えているのは自分だけという状況にあっては、自分の気持ちに寄り添い、熱意を持って会社のことを本気で考えてくれる存在はとても貴重なのです。

そして、気持ちに寄り添いながら経営者の話を深く聴き、課題の本質を引き出す質問をし、その質問に対する回答を整理してフィードバックします。このフィードバックが経営者に大きな気づきをもたらすことも少なくありません。特に知識やノウハウを提供しなくても、このフィードバックをするだけで大きな付加価値を発揮することができます。私もかつて経営コンサルティングは経営改善の知識やノウハウを伝えることが重要だと思っていました。ただ、経験を積むにつれ、この関わりの重要性に気づくようになりました。

人は一方的に押しつけられる提案と、自分が言ったことを踏まえた提案とでは、後者のほうが受け入れやすいという心理的な傾向があります。そのため、経営者が自ら話したことのフィードバックと合わせて解決策を提案すると、受け入れられる可能性は大きく上が

ります。

ただ、私の経験上、コンサルタントに新たな知識やノウハウの提供を求めるタイプの経営者と、自分の話を聴いてもらうことを求めるタイプの経営者の2つのタイプがあると感じています。ですので、経営者がどちらのタイプかを見極めたうえで、関わり方を変えていくことも重要になります。

②「成功」の定義の確認

売上と利益を伸ばして、従業員を増やし、会社の規模を大きくする。世間的にはこれが経営者にとっての成功だと思われているでしょう。しかし、会社の規模を大きくして後悔している経営者は少なくありません。

人にはタイプがあり、プレイヤーとしてお客様と関わったり、何かを作ったりすることに向いている人と、人を育て、組織を管理・成長させることに向いている人とがいます。前者の人が従業員を抱え、組織を大きくすると、多くの場合、人の問題を扱うことが苦手なだけに、大きな苦痛を感じるようになります。むしろ少人数の従業員だけで、自分もプレイヤーとして現場で活躍しているほうが幸せだったりします。

会社を大きくし、業績も悪くないのに、「できるものなら今の会社をたたんで、少数の気心知れたメンバーだけでビジネスをしたい」と話される経営者を何人も見てきました。おそらく心の底ではそう思っている経営者は相当いると思います。

ですので、経営参謀として関わる際には、まず「世間的な成功ではなく、あなたにとっての成功とはどのような状況ですか？」と質問をしてみてください。そして、その話をじっくり聴くようにしましょう。

会社の規模を大きくしたいと言うのであれば、「なぜ大きくしたいのか」「大きくして何がしたいのか」について質問してみます。その回答を本人の頭の中で整理してもらうことで、経営することの意義が明確になり、モチベーションも上がります。

成功の定義は人の数だけ違う。このことをまずは意識してください。こういったことに関心を持って話を聴いてくれる人はなかなかいないだけに、この関わりは経営参謀としての大きな付加価値をもたらします。

③複数の情報入手経路を確保する

課題が生じている原因を分析する際に、経営者に現場の状況や課題が生じている原因について質問しますが、その回答は必ずしも正しいとは限りません。経営者は自分にとって都合のよい解釈で物事を捉えようとしたり、強い思い込みのもとに現場の状況を捉えていたりすると、現場で起きている事実と違うことを話されることがあります。同じ質問を現場の従業員にすると、まるで違う答えが返ってくることも珍しくありません。

そのため、課題解決に向けて事実を把握するうえでは、必要に応じて現場の従業員にも話を聴くことが重要であると覚えておいてください。現場の従業員も社長には言えなくても、外部の第三者になら言えることも多々あります。その意見をまとめて経営者にフィードバックすれば、「現場のことをわかっているつもりだったけど、全然わかっていなかったんだな」と、経営者にとって目から鱗の気づきをもたらすことがあります。

④解決事例を伝える

多くの経営者は自社しか経営したことがありません。そのために、「他の会社はこういった課題が生じた時に、どうやって解決しているのか?」ということに強い関心を持っています。

この点、士業は多くの会社の経営に何らかの形で関与する機会が多く、経営参謀として関わればさまざまな経営課題の解決事例を蓄積できます。解決方法をズバリ提示できなくとも、他社で同様の課題を抱えている事例を話すだけでも、経営者は関心を示します。

そのため、コンサルティングをするにあたり、事例は大きな価値を持っていることをぜひ知っておいてください。解決法を提案する場合においても、実際の解決事例と合わせて提案できるかどうかで、その説得力は全く変わってきます。これは先の章でお伝えした例証という話法です。もちろん事例を話す時は守秘義務を重々守る必要がありますので、くれぐれも留意してください。

⑤専門外の分野は他の専門家と連携する

専門外で自分が直接扱うのは難しい分野の課題については、人間的にも能力的にも信頼できる最適な専門家や業者を紹介することで、大きな付加価値を発揮することができます。最適な専門家や業者の紹介というのは、たとえば、クライアントが不動産に関する法的な課題を抱えていれば、ただ弁護士を紹介するのではなく、不動産案件を多く扱っている弁護士を紹介します。同じ専門家や業者でも得意分野は違ったりします。その点も踏まえたうえで、最適な人を紹介するようにします。

ただ、このような専門家や業者を探すことは簡単ではありません。インターネットで検索すれば数多くの専門家や業者がヒットしますが、ホームページの掲載情報だけでは人間性や実力はわかりません。人間的にも能力的にも信頼できるかどうかは、実際に会って人となりを見て、業務内容や料金体系を理解し、仕事ぶりを見てはじめてわかることです。

先の章でウェブ上に存在する情報は無料で手に入るため価値を持たなくなるとお伝えしましたが、その人が信頼できるかどうかという情報はウェブ上には存在しない情報であるため、大きな価値を持ちます。自分の目で確かめたうえで優れた専門家を紹介して課題を解決できると、クライアントからの信用もさらに高まり、提案の幅も広げられます。

こういった専門家と一緒に仕事をする中で、自分もその分野に詳しくなることができ、ある程度の助言ができるようにもなります。また、紹介した専門家や業者からは感謝され、逆に仕事の紹介を受けることもあります。そのため、信頼できる専門家や業者とのネットワーク作りは間接的に自身の売上向上にもつながっていきます。

経営参謀としての関与と報酬

経営参謀として関与が始まるパターンとしては次の3つがあります。

①第3章でお伝えした、手続き業務のお客様に対してコンサルティング業務をご提案し、コンサルティング業務を行う中で、経営課題についても扱っていく
②顧問税理士や顧問弁護士として関わるなど、既存の顧問先に関して経営課題についても扱っていく
③前記①や②のパターンとは別に、新たなお客様と経営コンサルティング契約を結び経営参謀として関わる

①のパターンについては、手続き業務が完了すれば契約終了となるところを、経営参謀として関わることで扱う課題が増えるため、長期にわたって契約を維持できるようになります。

②のパターンは、頻繁に経営の相談をされるようになり、関与時間が増加した場合は、その増加分について報酬を上げてもらえる可能性は十分にあります。仮に報酬を上げてもらえない場合でも、経営に深く関与することで業界相場が下がっても他の安い事務所に乗り換えられることなく、現状の報酬を維持できるというメリットがあります。業界の相場が下がっていくにつれ、契約を切られないための対応が重要になっていくと思われますが、

経営参謀としての関わりは、この対応をするうえでも効果を発揮します。

また、場合によっては役員として経営に関与して欲しいと依頼されることもあり、その場合は役員報酬という形で新たな収益が得られます。

③のパターンについては、経営コンサルティング契約を結び、報酬が確定してから経営参謀としての関与を始めるのが理想的ですが、よほどの知名度や実績がないとそう簡単にはいかないでしょう。

私の場合は先義後利の気持ちで、先に経営参謀としての関わりを始め、先方がニーズを感じてくれるようになり、関与時間が一定以上になったタイミングでコンサルティング契約のご提案をし、契約締結後から報酬をいただく形が多いです。

関与時間が増えるということは、先方にニーズがあり、価値を感じてもらっている証拠ですから、コンサルティング契約に関する提案も十分に通る可能性があります。この場合も経営コンサルティングが具体的にはどういったサービスなのかがイメージしにくいため、第3章でお伝えした次の点についてレクチャーをする必要があります。

情報①　このサービスはどのような課題を解決するのか

情報②　その課題を解決しないまま放置するとどういう問題が起きるのか
情報③　具体的なサービス内容
情報④　具体的なサービス内容（③）が①の課題を解決する論理的な根拠
情報⑤　これまでの課題解決事例。お客様の声

経営参謀として活躍する士業

経営参謀としての関与体制

私の経営参謀としての関与はこれまでお伝えしてきた通りですが、より具体的な話をしますと、基本的に月1回の打ち合わせを弊社事務所で行い、必要に応じて現場で状況を確認したり、取締役会に参加したり、電話やメールでも相談に応じたりしています。

相談内容は、財務や資金繰りの問題から、営業や販売の方法、商品の改良、新商品の開発、新規事業の立ち上げ、人材育成、人事制度の設計、組織作り、業務提携など、多岐にわたります。また、自分が扱えない分野に関しては信頼できる専門家や業者と提携しており、そういった方をご紹介して高い成果を出していただいています。そのため、経営課題に関しては一通り対応できる体制を整えています。

お客様からご相談を受けた内容と、自分が会社の成長のために必要だと感じたことを課題として設定し、課題の解決策を次回の打ち合わせまでにやってきていただき、進捗状況を毎月確認します。

このほか、事業計画書の作成や会計システムの導入支援、社内の経理体制の構築支援、M&Aの対応など、作業量の多い業務が発生する場合は、別途料金をいただくようにしています。また、定期的に決算書を見て財務状況も確認するので、結果的に顧問税理士の依頼をされるケースもあります。

心と感情の性質に基づいた助言をする

経営者が常に抱える課題として、人と組織の課題、売上の課題を挙げましたが、人と組織の課題では従業員や部下という「人」を対象とし、売上の課題ではお客様という「人」を対象とします。いずれも「人」を扱う課題となりますが、この課題の解決を図るためには、人の行動を変える必要があり、人の行動を変えるためには、その行動を司っている心や感情を動かす必要があります。この点を踏まえない戦略は机上の空論になりかねません。

たとえば、事業計画を立てたとしても、その計画を達成するために従業員やお客様の動きを変えていくためには、いかに現場の従業員のモチベーションを上げるか、いかにお客様の心をつかむかという点についてまで具体的な取り組みを考えなければ、計画はただの数字の羅列に終わり、実効性が伴いません。その具体的な取り組みが人の心や感情の性質に基づいたものであり、従業員やお客様の行動を変えるものであれば、事業計画を達成できる可能性は大きく上がります。

こういった経験から、私は経営を改善するために必要な心や感情の性質を経営心理学として体系化し、これに基づいて経営の助言を行っています。従業員や部下、お客様といった「人」を動かすことが経営であり、人の行動を司っているのは心や感情であるため、心や感情の性質を踏まえた経営への助言によって、コンサルティングの効果は大きく高まりました。

この経営心理学に関しては、経営参謀の育成、経営者人材の育成を目的として経営心理士講座という形でお伝えしています。また、経営心理士会議という継続の勉強会の中で、実際に私が経営者からよく受ける経営相談をケーススタディとして出題し、その内容に対する提案を受講生に考えていただきます。これにより、経営参謀としての実力をつけ、実際に経営参謀として、あるいは役員に就任して会社経営に関わる士業が増えています。そこで、経営参謀として、士業がどのように業務を展開しているかを次からご紹介します。

銀座高岡法律事務所　弁護士　三浦謙吾氏

私は経営者をトラブルや紛争から守るために、法律や判例の知識を伝え、交渉や契約書などに関する助言を行う顧問弁護士として業務を行っていました。その中で、経営心理と経営参謀としての考え方を学び、経営や人間心理に関する助言も行うようになりました。

このような関わりからわかったのが、人と組織の問題に悩む経営者が本当に多いことです。経営者は相談ができる相手を強く欲しています。ですから、法律や判例に基づいた助言だけではなく、経営者の気持ちに寄り添って人や組織の相談に乗って、会社を成長させる関わりを持つようにしています。

その結果、多くの仕事をご紹介いただけるようになり、顧問先もずいぶん増えました。また、経営に深く関わる中で役員に就任することも増えてきました。顧問弁護士は会社の外部から助ける役割が多いのですが、社外役員という内部から会社の成長に関われるようにもなりました。さらに、社外役員を務めている会社が上場を果たした際には、東京証券取引所の鐘をつく現場に立ち会うという貴重な経験までさせていただきました。

経営者は経営者視点で物事を考えがちですが、それが原因でさまざまな問題が起きることも少なくありません。このため、部下の心理を踏まえた労務問題の対処法や採用、評価などの制度設計についても助言し、法律の観点からも問題がないことを検証して経営者に伝えるようにしています。こうした人の心理を踏まえた助言は、経営者から非常に好評で、関与時間の増加のご要望をいただくなど、顧問報酬の増額にもつながっています。

うえだなおき事務所　税理士・社会保険労務士　植田直樹氏

私は税理士・社会保険労務士として経営者と関わる中で、人や組織の相談をされても制度や法的な助言をするにとどまっていましたが、解決に至らない場合が多く、実際に経営を良くするためには人の心を動かす方法・手段・知識が必要だと感じていました。

そこで経営心理学を学ぶことにしたのですが、その内容に基づいて経営の助言をするようにしたところ、顧問先から役員になって欲しいとの依頼を受け、年間約2千万円の役員報酬をもらうようになりました。

今では制度や法的な助言のみならず、人間の心の性質を踏まえた、より経営に深く関与する助言ができるようになりました。具体的には、人材育成、部下のモチベーション向上、採用戦略といった人と組織の課題や、事業戦略やマーケティング戦略をどう立てるかといった売上に関する課題に関する相談にも応えられるようになりました。

また、資金繰りの支援にも力を入れており、借り入れのニーズがあれば適切な金融機関を紹介したり、金融機関との交渉のポイントを伝えたりして、お客様の希望に応えるようにしています。そして、税理士として売上や利益の状況、税金の状況を確認しながら、俯瞰的な視点での助言も行っています。

業績を把握したうえで、人や組織の問題、売上の問題、資金繰りの問題に応じられるようになり、経営参謀としての自信もついてきました。また、その経験の中で経営者が経営参謀を求めるニーズは大いにあると実感しています。それくらい悩んでいる経営者は多いです。今後も経営参謀としてより付加価値の高い経営支援をしていこうと思います。

公認会計士辻政至事務所・辻労務管理事務所
公認会計士・税理士・社会保険労務士　辻政至氏

私は公認会計士、税理士、社会保険労務士として業務を行っています。その中で労務問題は法的な助言だけではなかなか根本的な解決には至りませんでした。しかし、経営心理学を学んで〝感情〟を問題解決の検討要素に入れたところ、根本的な解決に至るケースが増え、経営者と一緒に組織作りを進められるようになりました。組織において人の悩みは尽きず、こうした関わり方ができるようになると、次から次へと相談されるようになります。その結果、士業としてだけではなくコンサルタントとしても顧問契約を結んでいただくことができ、より深く顧問先の経営に携われています。

顧問契約獲得のためには、効果的な提案をすることが必須ですが、特に事例を交えた説明ができるかどうかが重要です。この点、経営心理士講座では多くの事例について学ぶことができ、解決策を提案する際の自信にもつながっています。

クライアントには月1回程度訪問し、2、3時間かけて数字の話から人材育成や組織作り、さらには家族の話、夢についても話し合います。その際に感情の面にも配慮することで経営者との関わりが深くなり、深い悩みも本音で話してくれるようになりました。

経営者の悩みに寄り添いながらじっくり話をお聴きすると、話すうちに涙を流される場面も何度もあります。そして、今まで見えてこなかった改善点が見えてきたと評価をいただくことも増えてきました。「辻さんにご相談できてよかった」と言っていただける時が何よりのやりがいを感じる瞬間です。こういった関係をより多くの経営者と築いていくことで、ＡＩが進化した時代においても士業として生き残っていけると確信しています。

山本会計事務所　税理士　山本慎二氏

私は税理士として主に会計や税務の相談を中心に扱ってきましたが、さまざまな企業の経営に関わる中で、人事の相談や販売戦略の相談など、もっと経営に踏み込んだ相談に乗れるようになりたいと思っていました。

そこで経営心理学を学び、部下のモチベーションを上げ、組織を成長させる人事戦略の相談や、販売戦略、営業戦略の相談にも乗れるようになりました。こうした相談に乗れるようになったのは、人間の心理に基づいて経営を考えられるようになったためです。

ほとんどの経営者は何らかの悩みを抱えています。その悩みには従業員や顧客といった〝人〟が関係しています。そのため、人の心に基づいて経営の相談に乗るようにすると効果的な提案ができ、経営者にもとても喜んでいただけるようになりました。

本来の専門である会計や税務の関わりに加え、人材採用時には募集に関する助言を行い、面接に同席したり、商品の販売戦略について助言したりします。そういった関わりを続ける中で、いくつかの会社から役員就任の打診を受け、今では複数の会社で役員として関与しています。

役員としての業務内容は、経営会議に参加して経営の重要事項の意思決定に関わる、組織や人事の問題の相談に応じる、代表者と従業員との間の人間関係の調整行うといったことなどです。

税務顧問という関わり方に加えて、役員という新たな関わり方ができたおかげで、報酬も大きく上がり、事務所としても今後の新たな可能性が見えてきました。

経営の課題は際限なく次から次へと現れます。その経営課題を経営参謀として経営者と共に解決していくことが、AI時代の会計事務所に求められることになるでしょう。

イワデ株式会社 Cocoro Managements
中小企業診断士・社会保険労務士　岩出優氏

私は戦略面と心理面の両面から経営を支援する業務を行っています。具体的には、ビジョンを整理し、会社の進む方向性を明確にしたうえで、マーケティング、消費者心理、コピーライティングなどの理論をもとに、差別化を図るマーケティング戦略の策定、採用力向上のための支援、労働時間適正化、人事評価制度の見直しといった業務です。

これまでは組織のご相談を受けた際も、就業規則や評価制度など、理屈に偏った助言をしていましたが、経営心理学を学んだことで従業員の心理や感情の観点が補完され、より説得力のある助言ができるようになりました。

私は以前、社労士事務所で、社会保険加入手続きや給与計算業務を行っていましたが、これからの時代は手続き業務では付加価値を提供しにくいと思い、より経営に深く関与する今の業務を始めました。それにより報酬の単価は手続き業務の5～10倍となり、かつ顧問として継続的に関与するため、継続収入が得られるようになりました。

経営者はさまざまなことに悩んでいます。質問を活用して深く悩みを聴き出せると、いろいろなニーズが見えてきます。そのニーズを把握することが業務獲得の第一歩となります。また、事例を知っていることも業務獲得のうえでは重要で、抱えている課題に関して、解決事例をお話しすると急に興味関心を持っていただけるようになります。

ＡＩにより、士業の手続き業務は今後縮小していくことが見込まれます。その中で最も機械化しにくい心理の観点から経営に関与できるようになったのは大きな財産でした。引き続き、より付加価値の高いサービスを提供できるよう研鑽を積んでいきます。

港国際社会保険労務士事務所　社会保険労務士　近藤由香氏

私は、社会保険労務士（以下「社労士」と記載）として活動をしています。社労士になったばかりの頃は、助成金や給与計算、手続き業務を中心に行っていました。ただ、多くの経営者と関わる中で、手続き業務の代行だけでは物足りなく感じ、経営の根幹に関わる仕事をしていきたいと思うようになりました。

そして、経営心理学を通じて、経営者がめざす未来像や組織像を明確にすること、それに沿った人材を採用して育成し、組織をどう作り、成長させていくかということを学ぶことができました。そしてわかったことが、経営者のめざす未来像や組織像により、とるべき組織戦略も外部に表現すべき内容も異なるということです。

そこで、経営者のめざす未来像、組織像をじっくり聴いたうえで、その内容に合った就業規則、人事評価制度、採用基準を提案するコンサルティングができるようになりました。

その結果、以前は手続き業務が中心でしたが、今では経営参謀としての仕事の割合がずいぶん増え、経営者と一緒に経営課題を解決する業務に加え、上場支援やM&A、海外企業の日本進出といった業務までご依頼いただけるようになりました。

手続き業務など、ある程度定型化された業務は自動化が進むと思いますが、経営参謀としての仕事の自動化は難しいでしょう。今後も国内外の企業を対象に、経営者の未来像と価値観に合った組織作りを支援するコンサルティングをし、経営者が従業員から愛される経営をすることのサポートをしていきたいと思います。


司法書士法人ライズアクロス　司法書士　髙橋圭氏

私は司法書士として資本政策の提案から入り、その後、経営参謀として関与することが増えています。そのうちの何社かは監査役として経営に関与させていただいています。

資本政策は出口をどうするかという点に集約されてきますが、それを設計するうえでは必ず〝そもそも会社をどうしたいのか〟〝どういった夢があるのか〟という点について質問します。そこからさらに掘り下げていくと資本政策以外の課題が見えてくるので、私なりの助言をさせていただきます。また、投資家とのＭＴＧに同行したり、投資家を紹介させていただいたり、私自身が投資家として投資させていただくこともあります。

コンサルティングや経営参謀の活動をしていると、お客様の紹介のされ方も変わってきました。〝起業希望者がいるので相談に乗ってあげてくれないか〟といった起業後の経営も含めたご相談の紹介が増え、そのためのご提案をさせていただいています。

士業の仕事は登記や申告など単純な業務から着手することが多いと思いますが、その業務に終始せず、経営の課題を把握する質問をしていくと、士業はお客様の経営参謀になれる機会にあふれていることに気づきます。少し意識の持ち方を変えるだけで、仕事の質が変わります。ＡＩが台頭する今後の時代はそういった動きができる士業をめざすべきだと思いますし、そういう士業が増えていけば業界は明るくなっていくでしょう。

行政書士赤沼法務事務所　行政書士　赤沼慎太郎氏

私は、事業再生、事業承継、起業支援のコンサルティングを主業とし、資金調達、資金繰り改善を中心に経営支援を行っています。現在の顧問先は12社で、月に一度顧問先を訪問し、丸一日かけて打ち合わせをします。役員会議や店長会議、営業会議などに出席し、そこで司会を務めることもあります。

相談内容は資金繰りに関するものが中心ですが、資金繰り改善の施策として、売上の向上やコストの削減について助言します。売上向上については社長や営業マンと打ち合わせをし、商品の提案方法、広告やチラシの内容について助言したりします。コスト削減については商品の仕入先の見直しや、余計な経費を削るための助言をします。そうした話から人事・労務の話、組織の問題へと話が展開することも多々あります。

ただ、いくら戦略を立てて提案しても、お客様が行動してくれなければコンサルティングの成果は出ません。そのため、いかにお客様に行動してもらうかという点が私にとっては常に課題となっていました。そこで経営心理学を学び、学んだ内容を活かして伝えることでお客様がずいぶん動いてくれるようになりました。また、コミュニケーションスキルを上げたことにより成果が出やすくなりました。今でも継続的に経営心理学を学んでいます。また、経営心理学は売上、人、組織の論点について、現場の事例と合わせて網羅的にカバーしているので、コンサルティングの現場で実践的に効果を発揮しています。

今後、ＡＩ化が進み士業の仕事がなくなると言われていますが、経営参謀として付加価値を発揮することができれば、士業の仕事は決してなくならないと思います。今後も経営者の経営参謀としてより多くの会社の経営を支援していこうと思っています。

原田国際特許商標事務所　弁理士　原田貴史氏

私は弁理士として特許申請や商標申請の手続きの代理をしています。多くの弁理士が大企業を対象にしていますが、私は中小企業のみを対象にしています。中小企業が特許申請をする場合の目的はさまざまであるため、その目的に応じた提案をすることが重要になります。私は経営心理学を学ぶことで、会社の悩みに対する提案ができるようになりました。

たとえば、「製品はよいが、そのよさが知られていない」と悩んでいる会社に対しては、特許取得後のプレスリリースや、展示会への出店などを提案したり、早期で権利化するためのプランを提案したりできるようになりました。

また、「技術を盗まれたり、製品を模倣されたりするのが心配」と悩む会社には、特許出願と同時に特許申請中の表示を提案することで、特許申請中だから模倣できないという印象を他社に与えることで、「製品を模倣されずに済んだ」と喜びの声をいただきました。

「競合との値下げ競争で利益が出ない」と悩む会社には、特許取得後は営業トークに「特許を取得している弊社にしかできないことなので、相見積もりは取れませんよ」という内容を盛り込む提案をし、これによって相見積もりをほとんど取られなくなったということが起きています。

こういった視点を持つことで、士業は中小企業の経営参謀として関わることができるようになります。ＡＩが普及するこれからの時代、士業にとってこういった関わりをすることは益々重要になってくるのではないかと考えています。

第5章

士業の可能性をさらに広げる

士業の枠にとらわれないビジネス展開をする

既存顧客のニーズを満たす横展開のビジネスを展開する

お客様との関係を長期的に維持する

士業の枠にとらわれないビジネス展開をする

資格がビジネスの自由な発想を妨げていないか

ＡＩ時代に向けて自動化されにくい業務の獲得を進めるうえで、参謀あるいは経営参謀といった形でより深くお客様に関与する「縦方向」の展開に加えて、従来の発想の枠を取り払ってビジネスモデルを考える「横方向」の展開もできるようになると、より大きな可能性が見えてきます。また、経営参謀として経営に深く関わるようになると、ビジネスに対する視野が広がり、さまざまなビジネスチャンスに気づけるようになります。

ところが、資格を持っていると、横方向への展開の障壁になる場合があります。「この資格を取得するために相当な時間も費用もかかった。それだけ苦労して取得した資格なんだから、使わないともったいない」という心理が発想の幅を狭めます。もし、資格がなければ、「ここに消費者のニーズがある。それなりの事業規模も見込めそうだ」と思えば自由に発想してビジネスを興すかもしれません。しかし、そのようにビジネスを始める士業は多くはなく、「自分は〇〇士の資格を持っているのだからその仕事をすべきだ」

という考えの枠にとらわれてしまいがちです。

やりたい仕事かどうかは別として、そういった考えの枠が理由で士業としての仕事をしているのであれば、そしてその仕事が今後ＡＩやＩＴに取って代わられる可能性が高いのであれば、その仕事に固執することなく、発想の枠を広げてもよいのではないでしょうか。

仕事を広げる活動をしないリスク

私は２００４年に公認会計士試験に合格し、その後、税理士の資格も取得しますが、私にとって資格の取得はそれ自体が目的ではなく、人生の自らの可能性を広げるための手段として捉えていました。そのため、試験の合格発表前には神社で「会計士になったほうが幸せな人生を送れるならば合格させてください。そうでないならば落としてください」とお願いしました。なぜなら資格は手段であって目的ではないと考えていたからです。

私が公認会計士試験に合格し、監査法人に入所した直後に始めたのが、経営者と士業の交流会の主催です。さまざまな業界の経営者と士業の方をお呼びして、それぞれの業務の内容と抱えている課題を聴き、ビジネスで協業できそうな人の橋渡しをして、新たに知り合った人々とまた飲みに行っていました。こうした活動を通じて、経営者が抱える課題や事業を伸ばすことができた理由、各業界の生の動向や裏話など、多くの貴重な情報を得ることができており、いまも幅広い業界の方々と継続的なつながりを持っています。

一方で、監査法人の同僚からは「会計士なのになんでそんなことをやっているの？」と不思議に思われることも多々ありました。しかし私は会計士の知識と経験と肩書きを活かせば、もっと面白いことができてビジネスチャンスもあると感じていました。監査法人の仕事だけでは企業の経理担当者や監査担当者と会計の話をし、飲みに行くのは会社の同僚が中心となると、どうしても入ってくる情報は限定的になり、ビジネスの発想も広がらず、時代の流れがどうであれ目の前の仕事をやり続けるようになります。

これはどのような士業でも同じような状況かもしれませんが、こういった状況ではいまの業務が技術的失業のリスクにさらされた場合に、危機を感じても抜本的なアクションを起こすのは容易ではありません。

資格に使われない時代へ

市場は安定し、資格さえあれば仕事も利益も十分に手に入る。そんな古き良き時代においては資格ありきでビジネスを考えればよかったと思います。ただ、そういった時代はもう終わりつつあります。技術が加速度的に進歩して仕事の一部が自動化されかねないこれからは、資格ありきでビジネスを考えるのではなく、市場の動きを読んだビジネス展開をして、資格が使えるならば使うという発想のほうがむしろ安全だといえるでしょう。「資格を使わないともったいない」という心理や、「○○士の仕事とはこういうものだ」という先入観でビジネスの発想の幅が狭くなり、利益率が低くてもその仕事に固執するのであれば、それは「資格に使われている」状況です。資格は「使われる」ものではなく「使う」ものです。その資格に価値があるのは、ビジネスにおいて有利に働くからです。

お客様や友人、ビジネスパートナーといった人とのつながりをベースに、積極的に人と会い、情報を集め、自由な発想でビジネスのアンテナを張る。そして、新たなビジネスを展開するうえで、アドバンテージとなるように士業としての専門知識と経験、肩書きなどを活かしていく――こういった資格の使い方ができれば、今後のＡＩ時代でもさらなる伸び代が見えてきます。

既存顧客のニーズを満たす横展開のビジネスを展開する

ホームページ制作をする行政書士と不動産事業を展開する司法書士

既存のお客様が抱えがちな課題に関しても、士業の発想の枠にとらわれずに課題を解決できるようになれば、経営参謀としての付加価値はより高まります。また、その課題を解決する商品やサービスを提供する事業を始めれば、ビジネスチャンスはさらに広がります。

たとえば、会社の設立登記を依頼されたお客様は、これから会社を作るにあたってさまざまなニーズを持っています。その一つがホームページ作成です。今の時代、ビジネスを始めるならホームページくらいは持っておきたいところですが、ホームページ作成のよい業者を見つけるのは決して簡単ではありません。インターネットで検索しても多くの業者からどう選べばよいのかわからず、適当な業者に頼んで失敗したくないため、「信頼できる人を見つけて依頼したい」という強いニーズが存在します。そういったニーズをビジネスチャンスと捉え、会社設立登記の仕事を通じて信頼関係を築いたうえで、ホームページ作成の提案をしている行政書士もいます。

会社設立登記をされた方に、「ところでホームページは作成されますか？」と質問すると、多くの場合は「作成する」という返事が来ます。さらに「ホームページ業者はもう決まっていますか？」と質問します。「決まっていない」という答えが返ってくれば、ホームページ作成の提案が可能になります。ホームページ作成を受注した場合、制作ができる人を雇うか、ホームページの作成業者と業務提携して外注することで対応が可能です。

また、生前対策や遺言作成など相続関連の業務に携わる中で、不動産を売りたい、買いたいというお客様のニーズに触れる場合も少なくありません。ただ、そのようなニーズがあっても「信頼できる不動産屋の知り合いがいない」「知り合いの業者は相続に詳しくなさそうだ」という理由から、なかなか不動産の売買に着手できない人もいます。これをビジネスチャンスと捉え、別会社を作って不動産事業をしている司法書士もいます。

ホームページ作成にしても不動産売買にしても、士業の仕事を通じてお客様と信頼関係が築けている状態であれば、別のニーズに対する提案についてもある程度の成約率が見込めます。これには、「○○士」という資格の信頼が追い風になることもあるでしょう。このようにお客様から信頼を得る機会があることがいかに貴重かは、士業の業務だけを行っているとなかなか気づけないかもしれませんが、これは士業ならではの大きな強みです。

二刀流のビジネスモデルで新たな市場を展開する

さらに可能性を広げるべく、士業の強みを活かして、既存のお客様だけでなく、新しいクライアントをゼロから開拓する事業展開もあります。

その展開では、私は「二刀流」の考えをお薦めしています。「AとBを組み合わせてABを作る」——これは新しいアイディアを生み出す基本的な考え方ですが、これによって生み出された「AB」は、単純にAとBを足したもの以上の価値を持つ場合があります。

本章の冒頭で士業の強みの4つ（「ある分野の専門家であること」「経営課題に関わる機会がある」「経営者と接点がある」「資格がある」）を挙げましたが、特に士業が持つ知識や経験は普遍的なものであり、BtoB、BtoCいずれの商品・サービスでも活用でき、そういった知識や経験を持つ専門家から安心して購入したいニーズは存在します。

たとえば、不動産を購入する際は、不動産しかわからない相手よりも、不動産と税金、法律もわかる相手に相談したいものですし、保険であれば、保険と税金、あるいは保険と相続がわかる相手に相談したいでしょう。M&Aであれば、M&Aに加えて法律、税金、許認可、知財に詳しい人に相談したいのはいうまでもありません。「○○業×○○士」という形で士業の専門知識と経験を活用すればその業種で新たな市場が見えてきます。

保険会社の営業の仕事をしている公認会計士がいます。公認会計士としての仕事の経験から得た知識や経験を活かし、会社の経営について助言したり、監査法人の勤務経験から公認会計士のライフプランの相談に乗ったり、公認会計士の業界で培った人脈を活かして多くの会計事務所と提携したりするなど、独自の営業を展開しています。

また、司法書士業務を通じて得た知識と経験、人脈などを活かし、一般的な不動産会社では手がつけられない法律問題が複雑に絡んだ土地を扱う不動産事業を行っている司法書士もいます。

彼らは資格を持っていることで得られる独自の強みを発揮して、資格を持たない同業者では扱うことが難しい仕事を開拓しています。

二刀流の営業フレーズ

二刀流の営業では、「○○士だからこそ、この業界でこういった仕事をしている」と表現するのが重要です。具体的なフレーズを紹介します。

「不動産取引は法律が複雑に絡む事案もあり、そのような取引で法律に詳しくない業者から購入して、購入後にトラブルになる事例をたくさん見てきました。だからこそ法律の専門家が不動産に関わるべきだと思い、不動産関連の事業を行っています」

「税理士として保険の営業マンと話すと、税法の知識不足を感じることが多く、そのような知識での保険の提案は非常に心もとなく感じました。そこで、保険の提案にも税の専門家が関わるべきだと思い、保険関連の事業を始めました」

私は「公認会計士×心理学」という組み合わせで、経営心理学をベースに経営コンサルティングやセミナー事業などを行っています。決算書の数字の背景には必ず人の行動があり、人の行動の背景には必ず心の動きがあります。そのため、数字を良くするためには心の理解を深め、お客様、従業員といった人の心を動かす力を身につける必要があります。だからこそ、数字の専門家である公認会計士が心理学を教える必要があるとお伝えすると興味を覚える方は多く、全国から経営者や士業が経営心理学を学びに来てくださいます。

前出の石下氏は、「行政書士×教育事業」という切り口で行政書士向けに「行政書士の学校」という講座を開催しています。行政書士は人を雇わず一人で経営する事務所が多いため、行政書士試験に合格しても事務所に就職せずに実務経験のないままに独立するケースが多いのが実情です。ただ、実務を知らずに仕事を受けるのは大きなリスクを伴います。

そこで、行政書士試験合格者向けに実務を学べる講座を開催し、各専門分野で申請書の書き方や役所との交渉方法、契約上の留意点など、実務上のポイントを教えています。延べ1万人以上、現在年間約1500人が受講しています。

また、士業として培った知識と経験を活かして、不動産、金融、ＩＴなど、従来の士業の枠にとらわれないビジネスを展開する中で、申告、申請、登記、社会保険手続きなど、士業としての仕事の依頼が来ることもあります。

発想の枠を広げて「〇〇士だからこそ、この事業を」という必要性を見つけると、士業の資格が新たな価値を持ち始めます。こうした発想は新たな事業の展開につながると同時に、従来の士業の仕事もさらに増える可能性をも秘めています。

お客様との関係を長期的に維持する

機能的価値だけでなく情緒的価値も提供しているか

これまで自動化されにくい業務について、縦方向に展開する方法（経営参謀としての関与）と横方向に展開する方法（士業の発想の枠にとらわれない事業の展開）についてお伝えしてきました。ここでは、そうして築いたお客様との関係を長期的に維持するために重要になる考え方についてお伝えします。

売り手と買い手の関係において、売り手が提供する価値には「機能的価値」と「情緒的価値」の2つがあります。

機能的価値とは、商品・サービスが提供する機能や利便性などをいいます。税理士であれば税務申告書の作成や税務コンサルティング、社会保険労務士であれば社会保険の加入手続きや給与計算、労務コンサルティング、経営参謀として関与する場合は、経営課題を解決するための知識やノウハウの提供といったものが該当します。

一方、情緒的価値とは、商品やサービスがもたらすポジティブな感情です。具体的には、親身に相談に乗ってくれて得られる安心感、しっかり話を聴いて自分の意図を汲み取り的確なアドバイスをくれる頼もしさ、話していると自分もやる気にさせられる熱意や元気、礼儀やマナーのよさなどから感じられる好印象といったものです。

士業が提供する機能的価値の中には、単純な書類作成や入力業務も多く含まれますが、そういった業務はＡＩや機械によって自動化されていきます。一方、情緒的価値は人間が関わることではじめて得られる要素が多く、ＡＩや機械で代替することが難しい部分です。そのため、情緒的価値は今後人間が提供する付加価値としてより重視されていくでしょう。

情緒的価値の「価値」

士業は他のサービス業と比べて情緒的価値の提供がおろそかになりがちです。だからこそ情緒的価値の提供を強く意識することで大きな強みにつながります。そしてこの情緒的価値を発揮することは、なかなか口に出せない話を打ち明けられる、重要な意思決定にあたって意見を求められる、といった深い信頼関係を築くことにつながります。これは第３章で共感の重要性という形でお伝えした内容に近いものですが、重要なことであるため、改めて詳しくお伝えしたいと思います。

深い信頼関係を築くことなく機能的価値だけを提供する関わり方をしていると、クライアントがより安い料金で同業者から営業をかけられた場合、すぐに乗り換えられてしまうおそれがあります。技術の進歩に伴う業務の効率化、低コスト化によって低価格競争の激化が見込まれる中で、現状の料金を維持していくうえでも、クライアントと深い信頼関係を築くことは非常に重要です。

以前、私は複数の経営者仲間に「他に値段が安い会計事務所があったとしても、今の顧問税理士を変えないとすれば、その理由は何でしょうか？」と質問をしたことがあります。「対応が早い」「税務の知識が豊富」「経営の相談にも乗ってくれる」など、さまざまな答えが返ってきましたが、なかでも多かったのが「立ち上げ時や資金繰りに困った時など、苦しい時に親身になって相談に乗ってくれた」「自社の利益が大きく伸びた時に自分のことのように喜んでくれた」という答えでした。

自分が苦しい時にその苦しみに寄り添ってくれる人、自分が嬉しい時に一緒になって喜んでくれる人、そういう士業は、他に少々値段が安い別の士業が現れても契約を切りにくいものです。単発の取引での付き合いであっても、また何かあればそういう人に依頼しようと思いますし、だれかに紹介したいという気持ちも強くなります。

「相手の気持ちに寄り添う」ということを続けるのは、難しいものかもしれません。ただ、クライアントが「苦しい」「嬉しい」といった強い感情を感じている時は、特にその感情に寄り添うことを意識していただきたいと思います。苦しい相手にはできる範囲で相談に乗り、喜んでいる相手とは一緒になって喜びを分かち合ってください。

マインドは常にアナログ——コミュニケーションの重要性

私の事務所では、業務効率化のために、顧問先との打ち合わせはビデオ通話などのＩＴツールを使うようにしていますが、直に会う機会が少なくなるからこそ、より一層、顧問先と心を通わせるコミュニケーションを心がけることが重要だと感じています。

相談があればその都度お受けし、その中でさまざまな質問をしていくことで、経営の深い悩みが姿を現します。そういったお悩みに対して提案できることは提案し、直に会う必要があると判断した場合にはフットワーク軽く面談に伺います。

「大きな契約が決まった」「銀行の融資が通った」、そういった嬉しい出来事があれば、クライアントは電話で興奮気味にその喜びを伝えてくれます。その様子に、私も嬉しくなって「良かったですね！」と率直にお伝えします。「この人なら一緒に喜んでくれる」と思っていただけているから電話が来るのです。一緒に喜んでくれない人には、嬉しいことがあっても電話はしないでしょう。ツールはハイテク、マインドはアナログ。このバランスが今後の士業に求められることだと思います。

絶対的な正解がない判断のサポート

単純な書類の作成業務の多くはいずれ自動化され、法律や通達などで明確な答えがあるものは、近い将来、スマートスピーカーやスマートフォンが答えるようになるでしょう。そうなると士業が付加価値を発揮する場は、法律や会計などの国の制度に関する専門知識や経験が求められる、明確な答えがないことに対する判断のサポートにシフトしていくと考えています。

「さらなる事業拡大をすべきか、やめておくべきか。拡大するのであれば追加の資金調達を行うべきか。資金調達を行うのであればどういう調達方法にすべきか」

「従業員たちともめてしまい、事業に疲れた。もう事業を売却すべきか、それとも従業員ともう一度向き合って話し合うべきか。売却するのであれば、どのような進め方が考えられるのか。従業員との話し合いが決裂したら、どういう手立てがあるのか」

「親の相続に関する遺産分割協議で兄と意見が合わない。ここで兄と争うか意見に従うか、争うのであればどのような交渉の進め方が有効なのか、最終的に意見が決裂した場合はどういう手段があるのか」

これらの判断には絶対的な正解がありません。自分一人で判断がつかない場合は専門家の意見を聴きたいと思うでしょう。そこに士業によるサポートのニーズがあります。そのサポートをするうえで重要なのは必要な知識を網羅的に伝え、目の前の問題の先にあるクライアントが「どういう人生を歩みたいか」という点をしっかり考慮することです。

クライアントの人生の重要局面に関わる

私はさまざまな経営者と関わる中で、「どういう人生を歩みたいのか」を明確にしないまま、やみくもに売り上げと利益を伸ばして潤沢な財産を築き、周りからは成功者といわれながら、「自分はこんな人生を送りたかったんじゃない。もうこれ以上経営を続けたくない」と嘆く経営者を何人も見てきました。中には「もう死にたい」という方もいました。

事業の拡大が個人の幸せと必ずしもリンクするとは限らないということは、私がコンサルティングの経験で得た貴重な学びであり、経営の助言をするうえで重視していることの一つです。

事業をどのように展開するか、経営を続けるか売却するか、相続で財産をめぐって兄弟と争うか――人生に大きな影響を与えるこうした判断は、最終的に自分が「どういう人生を歩みたいのか」という人生観や価値観に基づいて行うべきであり、それを考慮せずに近視眼的に判断すると大きな後悔につながりかねません。

士業の仕事は、人生の重要な局面に関わることが多いものです。だからこそ、判断の際にそうした視点も考慮するよう促すことで、より精度の高い提案ができるようになり、クライアントにとってもかけがえのない存在となれるでしょう。

自分の人生観や価値観をきちんと聴いてくれる人は決して多くありません。しかし、人生の重要な局面においては人生観や価値観をじっくりと聴いてほしいものです。そういった判断のサポートは、まさに人間ならではの仕事であり、こういった関わりがクライアントとの関係を長期的に維持していきます。これはどれだけＡＩや機械が進歩しても、最後まで人間に求められる仕事ではないでしょうか。

第6章

これからの士業のマーケティング戦略

自動化されにくい業務の獲得

顧客開拓ルート①「既存のお客様からの紹介」

顧客開拓ルート②「他士業、他業種からの紹介」

顧客開拓ルート③「ウェブからの問い合わせ」

顧客開拓ルート④「セミナーの開催」

自動化されにくい業務の獲得

本章ではＡＩ時代において単純な手続き業務が自動化されることが見込まれる中で、経営参謀としての業務や各種コンサルティング業務などの自動化されにくい業務をいかに獲得するかといったマーケティング戦略についてお伝えします。

自動化されにくい業務を獲得するアプローチとしては次の２つが挙げられます。

①「直接的に自動化されにくい業務を獲得する」

②「獲得しやすい手続き業務を受注し、その業務を通じてお客様との信頼を築いたうえで自動化されにくい業務を提案し獲得する」

それぞれの業務内容の詳細や置かれた状況などによって、どちらのアプローチが業務を獲得しやすいかは異なります。そのため、ここからお伝えする内容は、手続き業務か自動化されにくい業務を問わず、士業としてお客様を獲得していくために必要なマーケティングの考え方についてお伝えしていきます。

士業の主な顧客開拓ルートには、①「**既存のお客様からの紹介**」、②「**他士業や他業種からの紹介**」、③「**ウェブからの問い合わせ**」、④「**セミナーの開催**」があります。まずは①の「既存のお客様からの紹介」についてお伝えします。

顧客開拓ルート① 「既存のお客様からの紹介」

「信頼できる人にお願いしたい」心理

消費者は何かの仕事を依頼するにあたり、「依頼した後に後悔したくない」という心理から「信頼できる人にお願いしたい」と考えます。この場合の「信頼できる人」には、「能力的な信頼」と「人間的な信頼」を求めます。

インターネットで検索すれば多くの士業が見つかります。しかしインターネットから得られる情報だけでは、能力的にも人間的にも信頼できるかどうかわかりません。そして、その信頼の確証がないまま仕事を依頼することは難しいでしょう。

特に、経営参謀としての業務やコンサルティング業務などの自動化されにくい業務は、手続き業務に比べて具体的な業務内容がイメージしにくいため、その価値を表現することが容易ではありません。また、手続き業務に比べて報酬も高額になるケースがほとんどです。そのため、より強く「信頼できる人にお願いしたい」という心理が働きます。

この点、実際にそのサービスを受けた人からの紹介ならば、一定の信頼が保証されます。

また、安心して依頼できるなら、少々値段が高くてもお願いしたいという心理も生まれます。このように既存顧客からの紹介は成約率も高く、業界相場にも影響を受けにくいため、自動化されにくい業務の獲得のためには注力すべき顧客獲得ルートです。

こうした紹介を得るには、顧客満足度の高いサービスを提供する必要があることは言うまでもありません。この顧客満足度についても、以前紹介した「機能的価値」と「情緒的価値」の2つの視点から考えなければなりません。

機能的価値と情緒的価値、両方の顧客満足度を考える

機能的価値に対する満足度を高めるには、専門知識や経験を活かしてお客様の要望に適切に応える必要があります。特にコンサルティング業務などは、人により能力差が大きく出ます。この機能的価値に対する満足度の高さが能力的な信頼につながります。

そして、情緒的価値に対する満足度は顧客と関わる姿勢が大きく左右します。この姿勢を考えるうえで効果的なのは、能力には問題がない前提で、「人に紹介したい人とはどのような人か、紹介したくない人はどのような人か」について多くの意見を集める方法です。

私が主宰する経営心理士講座では、「人に紹介したい人とはどのような人か」「人に紹介

したくない人はどのような人か」について受講生にディスカッションしてもらい、出てきた答えを蓄積して分析していますが、紹介したくない人については「相手の話が聴けない人」という意見が多いです。

「自分はきちんと話が聴けている」と思う人も多いかもしれません。私の講座では話を聴く自分の姿を動画撮影して見てもらうのですが、相づちがそっけなかったり、つまらなそうな表情をしていたり、視線が落ち着きなく動いていたりと、ほとんどの人が自分の聴く姿を見て驚きます。そして、「確かにこういう聴き方をする人は紹介しづらい」と、これまで紹介の機会を逃してきた可能性に気づきます。

しっかり話を聴いていたとしても、「しっかり話を聴いている」ことを相づちや表情、態度などで表現できていなければ、相手はしっかり聴いてくれていないと感じます。この表現力も情緒的価値に対する満足度に大きく影響します。これ以外にも、言葉遣いや話し方、礼儀、マナーなども情緒的価値に対する満足度に影響を与えます。

このような機能的価値と情緒的価値の両面から顧客満足度の高いサービスを提供し、既存のお客様から新たなお客様の紹介を受ける方法が、これからもオーソドックスかつ効果の高いマーケティング方法だといえます。

また、自分の強みや特徴を明確に表現することも重要です。強みや特徴があれば、お客様が人に勧めるときの口実になり、積極的に勧めてもらえやすくなります。お客様が自分のことを他の人に紹介する際に、どういう説明をするかを想像してみてください。これはとても重要なことですので、是非やってみていただければと思います。その説明がより魅力的なものとなるためには、既存のお客様とどういう関わりをすればよいかについて、これを機に一歩踏み込んで考えていただければと思います。

顧客開拓ルート②「他士業、他業種からの紹介」

新たな接点を作り、相互協力体制を作る

既存のお客様からの紹介と同様、他の士業や不動産会社、保険会社、銀行など、その道の専門家からの紹介においても、「信頼できる人に依頼したい」という心理がお客様に働くため、このルートも相場の影響を受けにくく高い成約率となる重要な顧客獲得ルートです。このルート強化のためにいかに他士業や他業種と接点を築くかについてお伝えします。

新たな接点を作るには、交流会や勉強会への参加が一般的です。私は２００４年から経営者と士業を対象とした交流会や勉強会を毎月主催しており、また、自分も他の交流会にも参加してきました。これらのご縁から多くの仕事につながった私の経験も踏まえて、交流会の活用のポイントをご紹介します。

次につながる出会いを見つける

交流会への参加経験がある読者もたくさんいると思いますが、交流会をきっかけに継続

的な付き合いが続いている、または仕事につながるケースはどれほどあるでしょうか。名刺が増えるばかりで何の展開もない方も少なくないと思います。

交流会から新たなビジネスチャンスを広げるうえで重要なことは、まずどういった人とどういった展開になるのが望ましいかということを事前に何パターンか整理しておくことです。これができているかどうかでビジネスチャンスが広がる確率が大きく変わります。

そして、私は交流会では「いかに多くの人と出会うか」よりも、「だれと密な時間を過ごすか」を意識します。ある程度の方と名刺交換をしたら、それ以上の名刺交換はせず、その中からこれぞと思う人と深く話していきます。だれと密な時間を過ごすかの判断基準については、仕事につながりそうな人という基準に加えて、社交性と誠実さが感じられる人という基準も重要です。誠実さを見極めるのは簡単ではありませんが、話し方、言葉遣い、話の聴き方、表情、周囲への気遣いなどから伺い知れます。

社交的で誠実な人は「与えられたらきちんと返す」という意識があり、長期的に相互協力関係を築きやすくなります。また、「類は友を呼ぶ」で、誠実な人の周りには同様に誠実な人が多いため、安心して紹介を受けたり、こちらも人を紹介できたりします。

こうした人は多くの場合、現在の状況や肩書きがどうであれ、いずれ頭角を現してそれなりの地位に就くようになります。独立していれば着実に事業を伸ばしていきます。これは私が交流会を長年開催して、目の当たりにしてきたことです。

相手のために自分から先に動く

ビジネスの交流会に参加する人は、さらなるビジネスの成長を求めています。そういった相手と相互に協力関係を築きたければ、まず先に相手にビジネスの成長のきっかけを提供する意識を持つことが必要です。営業で成果を出す人の多くは、相手をよく理解し、先に相手のために動こうとします。そうやって多くの人と相互協力関係を築き、結果としてたくさんの仕事の紹介を受けています。

相手にビジネスの成長のきっかけを提供するには、相手の理解を深める必要があります。ここでも第3章でお伝えした「未来の質問」と「課題の質問」が効果を発揮します。

この質問で今後の事業の展開や課題について理解できれば、そのために協力できることや一緒に取り組めることを提案し、後日改めて会うようにします。「協力できること」には人や仕事の紹介、課題の解決事例などの情報提供、相手のセミナーへの参加があり、「一緒に取り組めること」には、交流会やセミナーの共同開催や仕事の共同受注などがあります。

こういった動きをするうえでやはり重要になるのが、誠実さが感じられる相手を選ぶということです。不誠実な相手にこういった動きをしても、相互に協力し合う関係につながる可能性は低いでしょう。誠実な相手に誠実に対応することが、長期的な相互協力関係を築くことにつながっていきます。

自社の強みや特徴を明確に示す

相互協力関係を築くうえでもう一つ重要なことがあります。それは自社の強みや特徴の明示です。こちらが相手の事業に関心を示して協力する姿勢を見せれば、相手もこちらに協力しようとする姿勢を見せてくれるようになります。ところが、こちらに何の強みも特徴もなければ、相手もどう協力したものかと考えあぐねてしまいます。一方で、強みや特徴を明確に説明できれば、何らかの取り組みを一緒に進める話につながることや、見込み客を紹介してもらうことも少なくありません。

そういった強みや特徴を表現することは簡単なことではありません。ただ、重要なのは強みや特徴を表現しようとする意識を持つことです。そうすることで、日常の業務の取り組み方も変わってきます。また、その表現を考えては、名刺交換時の相手の反応を見るということを繰り返し、反応がよければその表現をベースに、さらに磨きをかけていきます。そうやって見出した強みや特徴は、将来の大きな収益をもたらす貴重な財産となります。

ビジネスチャンスを広げる交流会、勉強会の活用法

経営参謀としての付加価値を高めるためには、自分には難しい課題を解決できる人と信頼関係を築き、いつでも依頼できる状況を作ることも重要です。こうした人を見つけることも交流会や勉強会に参加する重要な目的の一つです。

私はそういった方とお会いした際には深く話を聴いて、能力的にも人間的にも問題ないと判断すれば、積極的に経営者にご紹介しています。

また、こういった方を幅広く知っておくと、先ほどお伝えしたように、交流会や勉強会で出会った人にビジネスの成長のきっかけを提供できる確率も上がります。優れた人をご紹介したことをきっかけに、新たな相互協力関係が生まれたことはこれまでにもたくさんあります。

また、士業の業界でも経営者の高齢化と後継者の不在が大きな問題となっており、士業

事務所の買収や事業譲渡の話もよく耳にするようになりました。このように事業承継が新たなビジネスチャンスになる可能性もあります。このような展開も視野に入れると、より可能性は広がっていくでしょう。

顧客開拓ルート③「ウェブからの問い合わせ」

ウェブによるマーケティング

不特定多数の人にアプローチできるウェブマーケティングも重要な顧客獲得ルートです。ウェブマーケティングについてはさまざまな手法が存在しますが、その詳細は専門書を参照していただくとして、ここでは多くの士業が実践しやすい方法をお伝えします。

まずウェブマーケティングのツールで活用しやすいものとして、①ホームページ、②ブログ、③フェイスブックが挙げられます。ここでは各ツールで発信すべき情報とマーケティング展開の方向性についてお伝えします。

業務内容を伝える

顧客獲得のためには業務内容を伝えることが必要です。そんなの当たり前じゃないかと思うかもしれませんが、名刺交換した相手の業務内容がよくわからないという経験をしたことはあるかと思います。ただ、相手は業務内容が正しく伝わっていると思っているでしょう。このように業務内容を伝えるということは実は簡単なことではないのです。そのため相手が業務内容をきちんと理解できるツールを持つことは重要なことです。

業務内容を紹介するツールには、ホームページが挙げられます。多くは「業務内容」や「事業内容」という形でホームページに記載されます。ここで留意したいのは、士業がどういう仕事をしているか、どのような流れで業務が進むかがわからない閲覧者がたくさんいるということです。特にコンサルティング業務はよりわかりにくいでしょう。

人は未来の展開が読めないことには不安を感じ、手を出そうとしません。そのため、業務を依頼した場合、具体的にどのような対応をしてくれて、どんな流れで業務が進むのかというイメージが湧かないと、二の足を踏んでしまいます。そのため、業務の具体的内容や依頼の流れについて、言葉やフローチャートでの説明があるとよいでしょう。

また、ブログやフェイスブックなどで、守秘義務を守りながらも業務活動で気づいたことやうれしかったことなどを日記風に投稿して業務内容を伝えることもできます。よく会う友人でも具体的な仕事内容を理解していない場合も珍しくなく、仕事の依頼や紹介の機会を逃している可能性は大いにあります。仕事内容の投稿をしたら、知り合いから仕事の依頼が来たり、新たな顧客を紹介されたりしたという話は少なくありません。

交流会や勉強会の出会いなどからSNSでもつながると、投稿を通じて業務内容を理解してもらえます。記事の投稿後に、「投稿を拝見しました。弊社でも一度、ご相談させていただけないでしょうか」という連絡が来る場合もあります。ただし、過度なPRになっていたり、投稿の頻度が高過ぎたりすれば印象が悪くなるので、適切な投稿を心がけることが必要です。

安さよりも信頼の高さで勝負する

昨今ではウェブでの誇大な表現や広告が氾濫しているため、多くの利用者はホームページやウェブ広告の情報に懐疑的です。そのため、事務所の業務内容が理解できても、すぐには問い合わせずに、その事務所が能力的にも人間的にも信頼できるか確認したいと考えます。

安ければ信頼性はそこまで重視せずに依頼する方もいらっしゃるでしょう。しかし安い価格で受けた仕事は当然利益を出すのも難しく、安さ優先で依頼されるお客様にはその後の提案もつながりにくいので、対象顧客としては望ましくありません。

しっかりと利益の出る価格で受注し、その後の提案にもつなげるためには、「安ければいいというわけではなく、信頼できる人に依頼したい」というニーズを持った方を対象として、能力的信頼と人間的信頼を築いていくマーケティングが必要です。

そこでまずウェブ上で能力的信頼を表現するということについてお伝えします。

能力の高さを表現する

能力的な信頼を得るには、能力の高さやサービスの質の高さが感じられる情報を掲載する必要があります。特にコンサルティング業務については、だれがその業務を行うかでサービスの質に大きな差が出るので、こうした情報の掲載はより重要です。

ホームページの閲覧者はどこに注目するかを分析すると、「代表者挨拶」や「スタッフ紹介」など、「人」に関するページに多くのアクセスが集まる傾向があります。そのため、「人」に関するページで能力の高さを表現することが効果的です。

ただ、士業のホームページの「人」に関するページは、「代表者挨拶」で顔写真と経歴が掲載されているのみというケースがよく見られ、「スタッフ紹介」もないところがほとんどです。これでは閲覧者に能力的信頼を感じてもらうことは難しいでしょう。

そのため「代表者挨拶」では顔写真と経歴に加え、これまでの実績を数字で表現することや、「スタッフ紹介」を設けて顔写真と経歴、実績を掲載することは効果的な方法です。また、「お客様の声」のページを設けることで新たに「人」に関するページができ、閲覧者が第三者の感想を見ることで、能力的信頼の伝わり方はずいぶん変わります。

これらはウェブマーケティングの方法としては一般的な方法ですが、士業の業界ではこれらが丁寧に表現されたホームページは多くありません。特に、高付加価値の業務を獲得するうえでは、こういった点を丁寧に表現する必要性は高くなります。

人間性や人柄を表現する

仕事をだれかに依頼するとき、実績や経歴は立派でも、誠実に対応してくれるか、愛想が悪くないか、雰囲気が冷たくないかといった人間的な要素が気になるものです。

閲覧者は「代表者挨拶」や「スタッフ紹介」など「人」に関するページをよく見るとお伝えしましたが、これも人間的な要素を確認したい意識の表れといえます。そのため、人間的にも信頼できると感じてもらうような情報発信も顧客獲得には重要です。ホームページの「代表者挨拶」や「スタッフ紹介」である程度は伝えられますが、人柄まで伝えるのは難しいでしょう。

そこで、その部分はブログやフェイスブックを活用します。ブログやフェイスブックには、日常の出来事や思ったこと、気づいたことなどを日記のように書いていきますが、そういった記事の行間に自ずと人となりや人柄が表れます。また、複数の記事を読むことで、考え方やポリシー、生き方といった部分も伝わっていきます。

前出の石下氏は、開業前から丸10年、一日も休まずにブログを書き続けています(https://ameblo.jp/fc-ishige/)。今では行政書士向けのオウンドメディアでも書いています(https://magazine.gyo-gaku.com/)。ここまで書き続ける理由は、それだけ結果が出ているからであり、新規顧客の7割はウェブからの問い合わせとなっています。

石下氏のホームページ分析によると、閲覧者はまずは「事業内容」を確認し、その後、石下氏の「ブログ」を経由して、「お問い合わせ」のボタンをクリックする傾向が強いという結果が出ています。この結果から、もしホームページにブログのリンクを貼っていなければ、これほどウェブからの問い合わせは来ていないだろうと石下氏は話します。

この傾向からも、いかに「人」の表現が重要かがわかると思います。「人」を表現して事務所の考え方やポリシーに共感してもらえれば、価格が安い競合がいても選んでもらうことができます。また、閲覧者にブログのファンになってもらえると、実際にお会いした際に「お会いできて嬉しいです」と言われることもあります。さらには「人」の部分に共感してもらえれば、新しい顧客の紹介につながる可能性は大きく高まります。

士業のブログやSNSの投稿は、法律や会計関連のニュースやコメントだけでプライベートの記事がほとんどないケースが多いと感じます。だからこそ、人柄が伝わる情報発信がより一層重要になります。

各媒体の認知度を高める

次にホームページやブログ、フェイスブックで発信した情報の認知度を高めるアクションも必要です。そのために取り組みやすい方法としては、交流会や勉強会で知り合った人の各媒体への誘導です。たとえば、交流会で知り合った際にフェイスブックで友達になってもらい、フェイスブックにブログ記事を投稿し、ブログにホームページのリンクを張って見てもらう流れを作れば、フェイスブックやブログ、ホームページの認知度を上げられます。

コストをかける場合は、広告を打ってホームページに誘導する方法もあります。さらにホームページにブログのリンクを貼ることで、広告→ホームページ→ブログという流れを作ることもできます。また、かなり時間はかかりますが、ホームページやブログ内に記事を書きためると、記事の数だけ検索されやすくなり、認知度を高められます。

顧客開拓ルート④「セミナーの開催」

セミナー集客の考え方

経営参謀としての業務やコンサルティング業務などの自動化されにくい業務は、具体的な業務内容がイメージしにくいため、レクチャーが重要になります。

そこで特に一対複数でレクチャーを行えるセミナーは重要な顧客獲得ルートになります。また、受ける側も個別にレクチャーを受けるのに比べて心理的ハードルが低いというメリットがあります。

そこで、セミナーに参加していただき、第3章でお伝えしたレクチャーで伝えるべき情報①〜⑤をお伝えして、個別相談につなげるという形で業務獲得の流れを作っていきます。ただ、セミナー開催時の懸念事項は、やはり集客だと思います。

集客にあたってポイントとなるのは、対象とするお客様が抱えている頭が痛い悩みを詳細に把握し、「まさに自分がそうだ」と思ってもらえるように、「こういったお悩みを抱えていませんか？」と丁寧に訴求していくことです。

たとえば、私は心理学と感情の性質に基づいて経営を改善するセミナーを開催していますが、「部下との関係に悩んでいませんか?」という問いかけでは興味を持たれることはほとんどありません。しかし、「仕事はできるが、周囲への当たりがきつく、組織の雰囲気を乱す。ただし、プライドが高いので注意すると反抗的な態度をとられるので、なかなか注意できないし、優秀だからこそ敵に回したくない。そんな部下に悩んでいませんか?」と問いかけると多くの方が興味を持たれます。そうした部下を放置して大きな問題になった事例についても説明し、そんなお悩みの解決につながるヒントをセミナーでお話ししますとお伝えすれば、足を運んでくださる方も出てきます。

セミナーの集客ルート

次に、こういった訴求をどのような形で行うかについてですが、まずホームページ、ブログ、SNSに掲載する方法があります。また、新たにセミナー告知用のページを作り、ウェブ広告を打ったり、メルマガで紹介するなどして、このページにアクセスを集める方法もあります。

これらのウェブ媒体で能力の高さや人間性、人柄を表現し、関心を持ってもらえたとしても、問い合わせをしたら売り込まれるのではないかという懸念があるため、直接業務の問い合わせをすることはハードルが高いといえます。そのため、「ウェブ→業務の問い合わせ」という流れから、「ウェブ→セミナー→個別相談」の流れにすることでハードルが低くなり、結果として成約率も上がっています。

交流会や勉強会でお会いした人にセミナーの案内をする方法もあります。セミナーをご案内して、セミナーでレクチャーすることで、業務に高い関心を持っていただけるようになり、そこから継続的な相互協力関係につながった例も多くあります。

人前で話すのが苦手でも講師はできる

また、「大勢の人の前で話すのは苦手」という方もいらっしゃるかもしれません。

私は今では年間250回ほどの講演をしていますが、もともとは監査法人で監査業務を黙々と行っていたので、人前で話す機会などありませんでした。独立後にゼロから自分で集客し、緊張と焦りの中で講師をして冷や汗を流すことも、うまく話せずに落ち込むこともありました。

それでも、講師としての力を磨くために試行錯誤を重ね、場数を踏むことで、少しずつ自信を持って講師ができるようになりました。大事なのはその一歩を踏み出すことで、失敗してもその原因を分析してＰＤＣＡを回すことです。失敗は糧となります。

大きな身振り手振りで立ち回ったり、会場を笑いの渦に巻き込んだりする講師もいますが、必ずしもそういった講師をめざす必要はありません。あくまでも目的はセミナー後に業務を受注することであって、笑いをとることではありません。あまりに話がうますぎると、逆に実務能力はどうなのかと懸念を抱かれる可能性すらあります。

このセミナーで大切なのは、課題解決能力の高さと人間性をお伝えすることです。話がうまくなくても、課題をどう解決するか、事例を交えて誠実に話しましょう。

本章では、直接自動化されにくい業務を受注する、受注しやすい手続き業務から受注して自動化されにくい業務の提案の機会を得る、という2つのアプローチと、①既存のお客様からの紹介、②他士業や他業種からの紹介、③ウェブからの問い合わせ、④セミナーの開催の4つの顧客開拓ルートについてお話ししました。

どのアプローチとどのルートの組み合わせが最も効果的かを検証していただき、効果的なマーケティングを展開できるようにしていただければと思います。

第7章

これからの士業の組織戦略

従業員の意識を変え、戦略的に育成する

意識の変化と育成を促進する組織体制作り

従業員の意識を変え、戦略的に育成する

単純な作業は効率化して自動化されにくい業務の収益割合を伸ばし、クライアントと長期的な関係を維持していくことが今後の事業戦略の基本的な考え方だとお伝えしてきました。こうした事業戦略を現場で実行するためには、それを可能とする組織の体制を整える必要があります。そこで本章ではＡＩ時代に向けてどういった組織作りが必要かについてお伝えします。

組織依存の意識からの脱却

比較的安定した市場においては、これまで売れてきた商品やサービスを提供していれば、安定した売り上げを維持することができました。そのため、従業員も言われたことを言われたようにやっていれば、年功序列型の給与体系で終身雇用が保証されていました。しかし、変化が激しいこれからの時代においては、言われたことをやるだけの従業員を年功序列で定年まで雇用できる企業がどれだけあるでしょうか。

激しく変化する市場に対応するためには、現場に立つ従業員が市場のニーズの変化を察知して経営層にフィードバックし、現場の従業員と上層部が一体となって、市場の変化に合わせた商品・サービスを展開していくことが必要です。そのためには、言われたことだけをやっていればいいという組織依存の意識から従業員を脱却させる必要があります。

副業を認める大手企業も増えていますが、その理由の一つに、従業員に組織依存の意識から脱却して経営者意識を持って動いてほしい経営陣の思いもあります。

言われたことを言われた通りにやる仕事は自動化されやすい仕事でもあります。第1章で紹介したMITのエリック・ブリニョルフソン教授は、同著書（『機械との競争』）で次のように述べています。

「上司の指示に従うだけの仕事をしていると、いつの間にか機械との競争に巻き込まれていることに気付くだろう。なぜなら指示に忠実に従うことに関しては、機械の方が人間よりもはるかに得意だからだ」

従業員も経営者意識を持つ

市場の変化への迅速な組織対応を、経営者が一人で実行するには限界があります。現場の状況に一番詳しいのは、現場の業務担当のメンバーです。業務の効率化、お客様への新たな提案、付加価値の高い新たなサービスの開発などを、現場を知らない人間が考えても実効性に乏しくなります。技術の進歩と市場の変化にアンテナを張り、現場の状況を踏まえて現場と経営陣が一体となって考えてはじめて実効性のある計画を現実に運用できます。

こうした好循環を作るには、まずは現場担当者が、「さらに業務を効率化し低コスト化するためにどうすればよいか」「新たに付加価値を発揮できる部分はないか」「クライアントのニーズをつかむ新たな提案はないか」といった経営改善の方法を自ら考えて上司に提案し、行動する意識を持つ必要があります。それは「経営者意識を持つ」ことに他ならず、組織に属しつつも組織に依存せずに経営に寄与することが求められます。

仕事の定義を見直す

「現場担当者にまで経営者意識を持たせるのは理想論にすぎないのでは」と思われるかもしれません。もちろん、従業員が経営者と同じレベルの経営者意識を持つことは難しいでしょう。それでも、指示された仕事だけでなく、経営改善について考える意識を持ってもらうことは、経営者の関わり方次第で十分に可能です。

従業員の意識変革には、仕事の定義の見直しが必要です。「与えられた作業をこなすのが仕事」という認識では、自らの頭で新たな提案を考えることは難しいものです。しかし、業務の効率化や新たな商品・サービス作りについて、アイデアや気付いたことがあれば上司に提案することも自分の仕事という認識を持てば、そういったことにアンテナを張って日々の仕事をするようになります。

従業員の意識や仕事への取り組み方は、仕事の定義次第で変わります。従業員にも経営者意識を持ってもらうべく、各従業員の「仕事」の定義を見直してみてください。

問いを与え、意見を求める

「仕事」の定義を見直せば従業員からどんどん提案が寄せられるかというと、そんな簡単なものではありません。従業員に自分の頭で考え、提案することを後押しするためには、具体的な問いを与えることが必要です。以前もお話しした通り、質問は相手の思考を司る力があります。その質問の力を活用して、次のような問いを与えます。

①「現状の業務を効率化するにはどうすればよいか」
②「既存のお客様に追加で提案できることはないか」
③「新たなサービスを作るとしたら、どのようなものが考えられるか」
④「現場を盛り上げてみんなのモチベーションを高めていくにはどうすればよいか」
⑤「変化の激しい時代を生き残っていくためには、事務所としてどういう取り組みが必要か」

問いを与えるにあたっては、相手の年次や業務内容を考慮することが必要です。年次の低い人には①の問いから始めて、役職が上がるにつれて⑤のようなより経営に関する問いを与えていくのがよいでしょう。大切なのは、こうした問いについて考え、提案することも「仕事」だという意識を持ってもらうことです。

そして、その問いに対して提案しやすい環境を作ることも重要です。その環境を作るうえで不可欠なのが、上司が部下の話をしっかり聴く姿勢を持つことです。

部下が一生懸命に考えた意見を上司がまともに聴かなければ、「どうせ上司は取り合ってくれない」と考えるのをやめてしまい、当然、意見も出なくなります。上司は部下よりも知識も経験も豊富なことが多いため、「部下よりも自分のほうが優れているから、部下に意見を求めても意味がない」と、まともに部下の話を聴かない方も少なくありません。

しかし現場にいるからこそ出てくる意見やアイデアもあり、「よいアイデア」は出なくても、現場の状況を知るだけでも大きなヒントになります。「ぜひ君の意見を聴かせて欲しい」という関わりが、部下の意識を変えるのです。

また、人は、同じ内容でも一方的に命じられたことと、自分が提案して採用されたことでは取り組む姿勢も大きく異なります。後者の場合はモチベーションも高く責任を持って完遂しようとします。現場の意見の積極的な採用は、部下の積極性や責任感を引き出すうえで高い効果をもたらします。

従事する業務の内容を見直し、将来の業務に投資する

仕事に対する意識を変えることに加えて、今後に向けた能力の育成も重要になります。自動化されやすい業務に従事する時間を減らし、自動化されにくい業務に従事する時間を増やして、ＡＩ時代においても付加価値を発揮できる能力を養っていく必要があります。

そのためには、自動化されにくく付加価値の高い業務を優先的に受注し、自動化されや

すく付加価値の低い業務の受注は控えるか、受注しても極力効率化する対応が必要です。
私の会計事務所では、領収書の整理や仕訳の入力といった付加価値が高くない業務は基本的にはお請けせずに、お客様の側で対応していただいています。もちろん、ただ「お請けできない」と伝えるのではなく、お客様が効率的に作業できるための仕組み作りをします。こういった仕組み作りのコンサルティングは自動化されにくい付加価値の高い業務です。

目の前の売上を追いかけるのであれば、付加価値が高いかどうかにかかわらず来た業務は受注すればよいと思いますが、私は「将来性」という観点から受注するかどうかを判断しています。

こうして自動化されやすい業務の時間を極力抑える一方で、銀行借入や補助金などの資金調達、節税、経費削減、経理業務の効率化に関する提案や、顧問先の営業につながりそうな交流会や勉強会のご案内、見込み客や提携先を紹介するなどの経営の支援を行います。スタッフは顧問先の経営をよくするための情報にアンテナを張り、必要な能力を身につけてくれています。そのために必要なセミナーの受講や、書籍の購入も、私は奨励、補助しています。

顧問先の社長から弊所の担当スタッフについて「○○さんからいろんなご提案をいただいて本当に助かっています。○○さんはうちの参謀役ですから、○○さんなしではうちの経営は考えられません」といったお声をいただくことがあります。こういったお声は、所長の私としても非常にうれしく思っています。そして、顧問先とのこうした関わりこそが、今後求められる士業のありかただと考えています。

目先の収益も大切だが、将来性がなければ未来はない

もちろん、「目の前の収益を伸ばすことを後回しにしてでも、とにかく将来のことを優先すべきだ」という訳ではありません。いずれは自動化される可能性が高い業務でも、事務所の運営維持のための収益を確保するためには、受注し、従事してもらう必要もあります。ただ、そうした状況でも、将来の部下と組織の成長のために、部下が従事すべき業務はなにか、身につけるべき能力はなにか、という視点は必要です。

「近い将来この商売ではやっていけなくなるのは薄々わかっていました。でも、日々の現場を回すのに精一杯で、会社の将来まで考える余裕がありませんでした」――市場の変化への対応が後手に回り、事業の単価が下がり、いくら働いても利益を出せなくなった結果、

会社をたたむことになった経営者からこのような話を聞いたことがあります。

これまで士業は、国の制度もあり一定の需要が確保されていました。しかし、技術の進歩によってその需要が失われるおそれがある今後の時代においては、士業も将来に向けて人材の育成を戦略的に進めていく必要があります。そこで次に、戦略的な人材育成を進めるための組織体制作りについてお伝えしていきます。

意識の変化と育成を促進する組織体制作り

人事評価で従業員の意識を変える

「仕事」の定義を見直したのであれば、人事評価の項目も見直す必要があります。「仕事」の定義を見直しても人事評価項目に反映させなければ、この見直しは一時的な意識喚起で終わり、新しい「仕事」の定義も形骸化するおそれがあります。人事評価は昇進や昇給に影響するので、人事評価項目に反映されると従業員の関心は高まります。また、人事評価項目は面談でも確認する項目なので定期的な意識喚起が行われることになります。さらには人事評価項目に反映させることで経営者の本気度を示すことにもなるでしょう。

私の会計事務所では、パートを含めたすべてのメンバーに5つの人事評価項目を設けています。その一つに「創造性」（事務所の運営や事業開拓に対する能動的な関わり）があります。この項目を設けることで、事務所運営や事業開拓、事業戦略を考え、よいアイデアがあれば提案することも全メンバーの「仕事」だと意識喚起しています。そして、メンバーからよい意見が出れば、積極的に採用するようにしています。

私も「率直な意見を聞かせて」「なにかいいアイデアがあったら教えて」と意見を求めます。こうして採用された意見は、発案したメンバーも積極的に取り組んでくれます。

求める人材像と採用の基準

組織運営上、採用戦略は極めて重要です。優秀な人材が採用できれば組織は活性化し、業績も上がり、新事業の立ち上げにつながることさえあります。一方で、問題がある人材を採用すれば、組織の雰囲気が悪くなり、全体のモチベーションもパフォーマンスも下がります。そのため、採用は組織戦略の柱の一つです。

経営者意識を持ち、将来的にも付加価値の高い能力を備えた人材を育成するためにも、何に主眼を置いて採用すべきかの基準を事前に決めておく必要があります。ご参考までに私の事務所の例を紹介します。

私が面接時に重視するポイントに、話の聴き方があります。これは第3章でもお伝えした通り、コンサルティング業務をするうえで重要な要素だからです。相づちの打ち方から姿勢や表情、話を聴き終えてから自分が話すまでの間、質問の的確さなどを見ます。

たとえば、相手の話を聴き終えてから話すまでの間が短すぎる人は、相手の話にかぶせるように話しがちです。これでは相手は「話をしっかり聴いてくれている」「自分の気持ちをわかってくれている」と感じにくくなり、心を開いて話をしようとはしません。また質問の的確さは相手のニーズを把握して新たな提案をするために不可欠な要素です。

知識や経験は入社後の教育で身につけてもらうことができても、会話の癖や思考パターンはなかなか教育できるものではなく、一朝一夕では改善できません。そのため、教育でリカバリーできる点よりも、教育が難しい点を重視して採用の判断をしています。

また、ＩＴ技術が進歩すればするほど、それを使いこなせるＩＴスキルを持った人材の価値は上がっていきます。この点も採用基準の重要なポイントです。私の事務所でもＩＴに詳しいメンバーが加入した結果、ＩＴツールを駆使してさまざまな業務が大幅に効率化されました。ＩＴスキルは士業事務所が弱い傾向にあるだけに、ＩＴスキルを持った人材の採用は事務所の生産性や業務効率を大きく上げてくれる可能性があります。

新ツールの導入時に生まれる「生産性パラドックス」

第３章では間接的技術的失業に備えるべく、新たなツールを活用して手続き業務を効率化、低コスト化することの必要性についてお伝えしてきました。ただ、新ツールの導入は、物理的にも精神的にも一定の負荷を伴います。

「生産性パラドックス」という言葉があります。これは新たな技術の導入に伴う業務フローの変更によって生産性が伸び悩む現象をいいます。新ツールの導入時はこの生産性パラドックスに陥り、一時的に生産性が下がる場合もあります。そうなると「やっぱり元のやり方に戻そう」という心理が働きます。

人が感じるストレスの度合いは、事前にその状況を予期していた場合とそうでない場合とで大きく異なるため、生産性パラドックスの可能性を把握しておくことで、ストレスは軽減されます。そこで次のようなメッセージを伝えておくことも効果的です。

「新たなツールの導入にあたり、そのツールに慣れるまで一時的に生産性が落ちて、ストレスを覚えるかもしれません。このような現象は『生産性パラドックス』といいますが、その状況を脱すると、現状よりも高い生産性を発揮できるようになりますので、それまで何とか頑張りましょう」。

事務所の所長は、だれよりもこの点を理解する必要があります。「もう面倒だ!」と堪忍袋の緒が切れれば、決定権があるだけに以前の方法に戻せますが、それでは業務の効率化、低コスト化に向けた取り組みは頓挫してしまいます。

一方で、導入したツールが現実の業務内容と合わない場合もあります。非効率が一時的な生産性パラドックスによるものか、それともツールが業務内容に合わないかは慎重に見極めなければなりません。事前にツールの提供業者と打ち合わせを行い、一定期間が経過するまでは効率化の状況をモニタリングしてもらうとよいでしょう。

なお、「ツールが業務に合わない」という判断をする際に、気をつける点があります。ツールは今後も進歩します。今は非効率に見えても、今後一気に効率化が進んだ時点で使い慣れていないと、ツールを使いこなした同業者の後塵を拝します。導入／非導入の判断では、そのツールの将来性も慎重に検討しなければなりません。

私の会計事務所では、あまり世の中に認知されていない段階からAI学習機能を取り入れたクラウド会計を導入していますが、導入当初は使い方もよくわからず、また処理速度も遅かったので見事に生産性パラドックスに陥りました。しかしクラウド会計は今後もさらに進歩し、使いこなせれば間違いなく大幅な業務の効率化につながり、いずれは会計システムのスタンダードになるだろうと根気強く使い続けました。その結果、今では自動仕訳機能や給与の自動計算機能などで作業効率は格段に上がり、クラウド会計なしの会計業務は考えられなくなったほどです。

「理由」の説明が組織の一体感を生む

コンサルティング業務の立ち上げにせよ、新ツールの導入にせよ、新しいことへの取り組みは物理的にも精神的にも一定の負荷を伴います。気が進まないことを指示されれば、だれもが反射的に「なぜやらなければならないのか？」と疑問と反発を持つものです。

なかなか指示に従おうとしなかったり、従うにしても複雑な感情を抱えたままになったりします。一方で、納得のいく理由を説明されれば反発的な感情も消え、積極的に取り組めるようになります。

それだけ「理由」は人の感情と行動に大きく影響を与える力を持ちます。理由の力については、拙著（『リーダーのための経営心理学』日本経済新聞出版社）を参考にしていただければと思いますが、指示の際に理由を説明する人と、説明のない人とでは、指示を受ける側の感情と行動に大きな差が生まれるのです。

ただ、「別にいわなくてもわかるだろう」「そこまで説明する必要はないだろう」と理由を話さない上司や経営者は少なくありません。これまで私が関わった会社でも「いちいち理由までいわなくてもわかるだろう」という指示側と、「説明をしてくれないとわからない」「何となくわかるけれど、きちんと説明してもらえば納得して取り組める」という指示を受ける側の気持ちのミスマッチは多く見受けられました。

理由の説明は、今後の方向性を共有して経営者と従業員の意識を揃え、新たなアクションを二人三脚で起こすためにも不可欠なことだといえます。従業員全員に伝えるのが難しければ、せめてマネージャーや幹部クラスだけでも伝える必要があります。変化に素早く対応するための機動性は組織の一体感から生まれ、その一体感は理由の説明によって全員が納得して同じ方向に意識を向けることから始まります。

リーダーがぶれずに発信し続ける

組織に新たな変化をもたらすためには、リーダーがぶれずに取り組む姿勢を見せ、継続的にメッセージを発信し続けることが必要です。

業務の効率化を目的として新ツールを導入するにしても、リーダー自身があきらめればその動きは途絶えます。新たな取り組みは、部下に「面倒くさい」という負の感情を芽生えさせ、なるべくやらずに済ましたい心理をもたらします。その際に部下が意識を向けるのが、「リーダーの本気度」です。リーダーが本気だと感じれば、多少のストレスがあっても部下は取り組みますが、リーダーの本気を感じなければ部下は従いません。

多くの部下が上司に対し、「自分ができていないことを部下に言ってほしくない」という不満を持っています。部下は上司の行動をよく見ていて、自分ができていないことを求めても、部下はなかなか納得して取り組みません。部下の意識を変えるためには、まずは上司が自らの意識を変えて、本気で取り組む姿勢を見せなければなりません。

また、新たな取り組みは、一度や二度の呼びかけでは定着しません。粘り強く繰り返しメッセージを発信することで、じわりじわりと定着していくものです。同時にメンバーにも協力を仰ぎ、意見を聴きつつ、一緒に最適な方法を模索する姿勢をリーダー自身がぶれずに持ち続けることで、新たな時代に向けた組織作りが現実味を帯びるようになるのです。

士業の部下として経営者を支える

これからの組織作りを経営者の視点でお話ししてきましたが、部下の立場にあるのであれば、そうした取り組みを進めようとする経営者を支えていただければと思います。

経営者の多くは、豪快そうに見えて、案外繊細で自省的だったりします。そのため部下から嫌われたくない、でもやるべきことは嫌われても実行しなければならない――そんな葛藤に苦しみながら、従業員とその家族を守る責任を負っています。

技術の進歩によって市場が大きく変化し、従来通りの経営ができるかどうかわからない今後の時代においても、部下とその家族の生活を守らなければならないという経営者の不安やストレスを想像してみてください。そして、市場の変化に対応すべく新たなアクションを起こそうとした際に、従業員から反発された場合の気持ちを想像してみてください。

経営者がこれからの過渡期を乗り越えてこうと新たなアクションを起こそうとしているのであれば、仕事が増えるかもしれないし、面倒くさいと思うかもしれませんが、経営者意識を持ってそのアクションを支援していってください。そして、ご自身もＡＩが台頭する将来においても高い付加価値を発揮するために必要な能力を習得していってください。その意識が自身を助け、そして事務所を助けることにもなるのです。

第８章

これからの士業の意識戦略

「未来の仕事」のための環境を整える

「面倒くさい」「怖い」という感情と向き合う

新たな挑戦を始める

「未来の仕事」のための環境を整える

常にアンテナを張り、市場の変化に応じて迅速かつ柔軟に変化し続けることの重要性はこれまでお伝えしてきた通りです。

しかし新しい戦略を立てても、実行に移すのは容易ではなく、いつまでも後回しになってしまいがちです。そこで、仕事を「今の仕事」と「未来の仕事」とに分けて、日々の業務と未来を見すえたアクションを両立させる取り組みが必要です。

「今の仕事」と「未来の仕事」

ここでいう「今の仕事」とは、顧問先との打ち合わせや各種書類の作成、メール処理など、日々の売上を得るために必要な仕事です。一方、「未来の仕事」とは、未来においても会社が成長、発展していくようにするための仕事です。未来の仕事には、将来性のある事業や業務への着手、業務提携、人の採用や育成、経営理念や人事評価項目などの見直し、新たな可能性を広げるための勉強会や交流会への参加、新たな動きに必要な知識や実務能力の習得、ウェブでの発信手段の整備、新たなコンテンツの作成などが挙げられます。

市場が激しく変化する時代においては、「未来の仕事」の重要性がより高くなります。変化する市場への対応が遅れると、後々の経営やキャリアにも大きく影響します。今はそれほど市場の変化が感じられなかったとしても、あと5年も経てばほとんどの士業の業界で状況は大きく変化しているでしょう。技術はさらなる速度で進歩し、その技術の導入によって業務の効率化、自動化を後押しすべく、国や自治体はインフラを整備し、ルールを変更・緩和していきます。

「未来の仕事」ができているか

私は就寝前に一日の仕事の内容を振り返り、「未来の仕事」ができたかどうかを評価します。もし「未来の仕事」がまったくできていなかった場合は、そこからパソコンを立ち上げ、少しでも「未来の仕事」をしてから寝るようにしています。そこまで強く意識しないと「今の仕事」に追われて、「未来の仕事」はおろそかになりがちです。

ご自身の時間の使い方はどうでしょうか。「未来の仕事」はどれほどできているでしょうか。

「未来の仕事」ができない理由としては次の3つが考えられます。

① 仕事を「未来の仕事」と「今の仕事」に区別していない
② 「未来の仕事」をする時間がない
③ 「面倒くさい」「怖い」という感情の存在

未来の仕事ができない理由① 仕事を「未来の仕事」と「今の仕事」に区別していない

自分の仕事内容を「未来の仕事」と「今の仕事」に区別していなければ、「未来の仕事」は緊急性がないことが多いため、時間のほとんどを「今の仕事」に使いがちです。日々、仕事に取り組む際には、「今の仕事」なのか「未来の仕事」なのかを意識するようにしましょう。

「未来の仕事」として何をすればわからないという場合は、「自社にとって将来性のある事業とは？」「時代の流れに合わせた対応とは？」という視点でアンテナを高く張り、情報収集を行いましょう。

私は書籍やインターネットでも情報収集をしますが、特に重視しているのは、「人と会うこと」です。業界を問わず先進的な取り組みをしている人とお会いして、業界動向や今後の展開についてさまざまな考えを伺います。これによって雑誌や記事では手に入らない

「生」の情報に触れられます。私自身も勉強会や交流会を主催していますが、こうした活動を通して有益な情報が手に入っており、そこから新たな「未来の仕事」のヒントをたくさんいただいています。

未来の仕事ができない理由② 「未来の仕事」をする時間がない

やるべきことが明確になっても、そのための時間がとれないのは切実な問題です。多くの士業のみなさんは日々大変忙しくされていると思います。その日々の仕事に「未来の仕事」が含まれていればよいのですが、「今の仕事」だけで忙しいならば、時間の使い方を考える必要があります。

「今の仕事」の手順を見直して「未来の仕事」の時間を捻出するには、業務の効率化だけでなく、自分の仕事を部下に任せることも必要です。事業を大きくする経営者は、「今の仕事」を部下に任せ、自分の時間を「未来の仕事」に充てていきます。一方で、「今の仕事」を部下に任せられない人は、自身の時間の大半を「今の仕事」に充ててしまうため、なかなか事業を大きくすることができていません。

「部下には無理だ」「自分でやったほうが早い」という意識が自身の「未来の仕事」をす

る時間を奪っていきます。「未来の仕事」の時間が確保できていないのであれば、部下への仕事の任せ方を見直してはいかがでしょうか。

「今の仕事」を部下に任せることは、一時的にはリスクを伴うかもしれませんが、仕事を任せれば部下も成長します。部下が成長すればさらに多くの仕事を任せられます。こういった部下の成長が自身の時間の使い方に好循環を生み出してくれるでしょう。

未来の仕事ができない理由③ 「面倒くさい」「怖い」という感情の存在

「未来の仕事」としてすべきことが明確になり、その時間を確保できたにもかかわらず実行しない、あるいは実行できない場合、その背景には「面倒くさい」「怖い」といった感情の存在があると考えられます。この感情と向き合い、克服するにはどうしたらいいのか、次節で紹介します。

「面倒くさい」「怖い」という感情と向き合う

「面倒くさい」の恐ろしさ

「面倒くさい」という感情は人生の可能性を妨げる恐ろしい感情です。「やるべき」と頭ではわかっていても、気が進まない、行動に移せない。「面倒くさい」という感情は一日に何度も生じ、その度に「やったほうがいいんだけど、どうしようかな……」と葛藤します。そして「面倒くさいからやめよう」と判断すると、「やらない」という判断を正当化するための言い訳を考えようとします。

「やるべき」と考えたことをすべて実行した場合と、「面倒くさい」という感情に負けてまったく実行しなかった場合とでは、人生の展開が大きく異なることは容易に想像できるでしょう。このようにして「面倒くさい」という感情は人生の可能性を妨げていきます。

「面倒くさい」を克服し、「未来の仕事」に取り組む

「面倒くさい」という感情を克服し、「未来の仕事」に取り組むためには、強いモチベー

ションが必要です。そのモチベーションを高める方法の一つが、「なぜやらなければいけないのか」という理由を明確にすることです。その理由が明確になれば、「〝面倒くさい〟などといっている場合ではない」と取り組めるようになります。その理由に自分が納得できればできるほど、モチベーションは高くなります。そのため、自分が納得できる理由を見出すための情報を収集することも重要になります。

また、「未来の仕事」の進捗を確認し合う仲間を作ることも効果的な方法です。事務所内外を問わず、進捗を報告し合う勉強会を定期的に開催すれば、仲間の報告に刺激を受け、高いモチベーションを維持することができます。

私は2006年からメンバーを固定した勉強会を毎月開催しており、「未来の仕事」の進捗状況について報告し合っています。これによって時代の流れの一手先をいくための情報交換が積極的に行われており、その情報をもとに各自が素早くアクションを起こしています。報告の内容は毎回刺激的で、メンバーの成長のスピードには驚かされるばかりです。勉強会の発足時は無名だったメンバーも、今では発足時とは比較にならないほどに事業を拡大し、その業界では有名人になったりもしています。「未来の仕事」に対する積極的な取り組みが、メンバーのここまでの成長をもたらしています。

「怖い」を克服し、原因分析と仮説立案を行う

新たなツールを導入して業務を効率化する、既存のお客様のニーズを満たすコンサルティング業務を行う、経営の課題解決の支援を行う。こういったことに対する取り組みの中には、経験のないことも含まれるでしょう。経験のないことをやる際には、先が読めないことから、人は「怖い」という感情を抱きます。だれもが、何かに挑戦する際には「うまくいかなかったらどうしよう」と不安になるものです。

とはいえ、「怖いからやめよう」では、時代の流れに取り残されるだけです。大事なのは、「小さな挑戦から始める」ことです。大きな挑戦で失敗すれば取り返しがつかなくなるので、まずは小さく始めて、つまずいたら原因分析と仮説の立案をするという進め方が、「怖い」の克服につながります。

新たなアクションを起こして軌道に乗せる人は、「原因分析」と「仮説立案」に意識を向ける傾向があります。自らの行動と結果に対して、それが成功であれ失敗であれ、「なぜこの結果になったのか」と原因分析し、「どうすればうまくいくのか」という仮説立案を行います。たとえ最初はつまずいたとしても、原因分析と仮説立案を粘り強く繰り返せば、次第に軌道に乗せることができます。

一方で、新たなアクションを起こしてもすぐに挑戦をあきらめてしまう人は、「感情」に意識を向ける傾向があります。特にうまくいかない状況では、落胆や怒り、悲しみの感情にとらわれて、再び同じ思いをすることへの恐怖を覚え、挑戦に強いストレスを感じるようになります。また、人間の脳は、強い感情が生じると思考をつかさどる脳の働きが抑制されるため、冷静な原因分析や仮説立案が難しくなります。

そのため、うまくいかない場合でも「感情」に意識を向けるのではなく、「原因分析」と「仮説立案」に意識を向けるようにし、まずは小さく始めてみることで、「怖い」という感情を少しずつ克服するようにしていきましょう。

一度や二度は壁にぶつかるもの

私は、これまで多くの経営者から「新たに事業を立ち上げたい」というご相談を受け、支援してきましたが、新規事業の立ち上げにあたっては、「新規事業の立ち上げは、必ず一度や二度は壁にぶつかるものです。でも、そこからが勝負です」とお伝えするようにしています。そうすることで、壁にぶつかった際の経営者の反応が変わります。

うまくいくと思い込んでいて壁にぶつかると、そのショックは大きく、落胆や焦りの感情に振り回されやすくなります。一方、「一度や二度は壁にぶつかるものだ」と覚悟して壁にぶつかった場合は、それほど感情に振り回されずに原因分析と仮説立案を進められます。

ですので、今後の時代に向けて新たなアクションを起こす時も同様に、あらかじめ「一度や二度は壁にぶつかるものだ」と覚悟しておくことをお薦めします。その覚悟が感情に振り回されることなく、原因分析と仮説立案を進めるうえで大きな効果を発揮します。そして新たなアクションに対して粘り強く取り組むことを強く後押ししてくれます。

新たな挑戦を始める

士業の可能性

士業は法律や会計など国のルールに関する専門家であり、専門知識や経験を活かせばITやAIでは代替できない、多くの付加価値を発揮する可能性を持っています。また、士業には第3章でお伝えした次の4つの強みがあります。

士業の強み①「法律や会計など経営に不可欠な分野の専門的な知識や経験がある」
士業の強み②「多くの会社の経営課題に触れる機会がある」
士業の強み③「経営者と接点を持ちやすい」
士業の強み④「資格という社会的信用がある」

単純作業はあくまで士業の業務の一部であり、単純作業が自動化されたり、相場が下がったりするのであれば、これらの強みを活かして、Think や Humanity の要素を多分に含んだ自動化されにくい業務で付加価値を発揮していけばよいのです。その業務の一つが参謀としての、あるいは経営参謀としての業務です。

今もこれからも経営参謀が足りない

経営参謀として経営課題の解決策を経営者と一緒に考え、経営を少しずつよくしていくための支援は、非常にやりがいのある仕事です。そして状況が改善し、経営者が喜んでくれる姿を見るのは、なにより嬉しいものです。

今、多くの経営者は悩んでいます。そして、経営の相談相手を求めています。事業承継が一斉に起きるこれからの時代では、経営がわからず相談相手を求める経営者はさらに増えるでしょう。今も、これからも、経営の相談ができる経営参謀が足りないのです。

もちろん経営参謀はだれにでも簡単にできる仕事ではありません。それでも、経営の課題について質問し、その課題を深く聴き、課題解決のための情報を集め、専門家に聴き、他の経営者に聴き、どうにか解決しようと熱意を持って関わることで、経営参謀としての力は培われていきます。そして、自分に合った経営参謀としての関わり方のスタイルを確立できるようになっていきます。

軌道に乗った後、それまでの苦労は物語となる

経営参謀としての道を選ぶかどうかにかかわらず、ＡＩ時代に向けて自動化されにくい業務で付加価値を発揮することが士業には求められていきます。そういった業務が軌道に乗るまでには数々の苦労があるでしょう。

ただ、こういった経験を通じて、業務が軌道に乗り始めた頃には、それまでの経緯が味わい深い物語として捉えられるようになります。もしかしたら居酒屋で「あの時はつらかったよなぁ」と感慨深く振り返っているかもしれませんし、失敗談を笑い話にして盛り上がっているかもしれません。

もし、壁にぶつかったら、軌道に乗った後の未来において、その物語を堪能している自分を想像してみてください。そしてまた新たな一歩を踏み出してください。めまぐるしく変化する時代においては、そういった一歩を繰り返しながら歩みを進めていくことが最も安全な戦略であり、そしてその歩みは、ＡＩや機械がどれだけ進歩しても最後まで人間の付加価値として残る「人間力」を高めていくでしょう。

おわりに

奇しくも平成31年4月30日から令和元年5月1日にかけて、この原稿が書き上がりました。今、窓の向こうには新たな時代の日の出を見ることができます。

この新たな令和の時代は、どのような時代になるのでしょうか。


本文中にも書きましたが、令和の時代は技術の進歩によって、さまざまなことが目まぐるしく変化する時代になるでしょう。

一方で、作用反作用の法則のように、世の中の道理として、一つの流れが生まれれば、それと逆の流れも生まれます。世の中の変化が激しくなれば、必ず変化しない不変のものへの関心が高まるでしょう。

不変のもの、その一つが人の心です。

人の心の性質は、どれだけ世の中が変化しても変わることはありません。その心の性質の一つが第3章でお伝えした、「他者に共感を求める」ということです。

今後、さまざまなことをＡＩや機械ができるようになるでしょう。ただ、どこまでいってもＡＩや機械ができないこと、それが共感です。

「他者に共感を求める」という性質を人の心が持つ以上、共感は最後まで人間に残される付加価値となるでしょう。

経営参謀という仕事をしていて感じるのが、経営者は共感を求めていることです。ただし、共感してくれればだれでもいいというわけではありません。同じ土俵で経営の話ができる人の共感を求めているのです。

多くの経営者と関わり、多くの会社の経営に携わっている士業は、経営者と同じ土俵で話ができる数少ない存在です。

そんな士業だからこそ、士業としての専門知識と経験に加えて、共感する力にも磨きをかけることで、経営参謀としてよりふさわしい存在になるでしょう。

そして、共感する力は、公私にわたって望ましい展開をもたらすための大きな力になるでしょう。

令和の時代は、未曽有の変化の時代。

そんな時代だからこそ、不変の価値を軸に据えて、経営やビジネスを展開することがより一層求められます。

本書が士業の方々にとって、変化の時代を生きるうえでの一助になれば幸いです。


この度の原稿を執筆するにあたり、たくさんの方々にお世話になりました。

今回の著書の企画から内容にいたるまで深くご尽力いただいた石下貴大さん、経営参謀としての活動をご紹介させていただいた三浦謙吾さん、植田直樹さん、山本慎二さん、辻政至さん、岩出優さん、近藤由香さん、高橋圭さん、赤沼慎太郎さん、原田貴史さん、執筆の時間を確保するために頑張ってくれた類家好児さん、常世田美紀さん、田島樹里奈さん、西堀智紀さん、そして今回の出版にあたり粘り強く私を担当していただきました岡田茂様、斎藤治生様、皆様に心より感謝申し上げます。

令和元年　藤田耕司

[著者紹介]

藤田耕司（ふじた・こうじ）

一般社団法人日本経営心理士協会代表理事、FSGマネジメント株式会社代表取締役、FSG税理士事務所代表

公認会計士、税理士、心理カウンセラー

19歳から心理学を学び、心理カウンセラー等の複数の心理系資格を取得。2011年に監査法人トーマツを退職し、コンサルティング会社と会計事務所を設立。人材育成から労務問題、採用、営業、マーケティングまで幅広い分野で、これまでに1,000件超の経営相談を受け、数字と人間心理の両面から経営改善を行う。また、これまでの経営改善事例から経営者の心理、部下の心理、顧客の心理、自己の心理を分析し、経営心理学として体系化することで経営指導の成果を大きく高める。

現在、経営者人材や経営参謀の育成を目的として経営心理学を伝える経営心理士講座を主宰。全国から経営者や士業が集まっている。著書に『リーダーのための経営心理学』（日本経済新聞出版社）、『もめないための相続心理学』（中央経済社）がある。

経営参謀としての士業戦略

AI時代に求められる仕事

2019年6月30日　初版第1刷発行

著　者——藤田耕司

発行者——張 士洛

発行所——日本能率協会マネジメントセンター

〒103-6009　東京都中央区日本橋2-7-1　東京日本橋タワー

TEL　03（6362）4339（編集）／03（6362）4558（販売）

FAX　03（3272）8128（編集）／03（3272）8127（販売）

https://www.jmam.co.jp/

編集協力————斎藤治生

装丁・本文DTP——木内 豊

印　　刷————広研印刷株式会社

製　　本————株式会社三森製本所

ISBN 978-4-8207-3173-3　C2034

落丁・乱丁はおとりかえします。

PRINTED IN JAPAN